N.-D. DE LA DÉLIVRANDE

NOTICE HISTORIQUE

SUR

LA CHAPELLE

ESPRIT ET PRATIQUES

DU PÈLERINAGE

Par M. l'Abbé Eug. L...., chanoine honoraire de Bayeux

NOUVELLE ÉDITION

TOURS

IMPRIMERIE MAME

1851

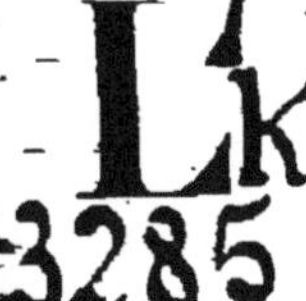

NOTRE-DAME

DE

LA DÉLIVRANDE

N. D. DE LA DÉLIVRANDE

NOTICE HISTORIQUE

SUR

LA CHAPELLE

ESPRIT ET PRATIQUES

DU PÈLERINAGE

Par M. l'Abbé Eug. L...., chanoine honoraire de Bayeux

NOUVELLE ÉDITION

TOURS

IMPRIMERIE MAME

1851

APPROBATION

DE Mgr L'ÉVÊQUE DE BAYEUX

Nous avons lu le petit livre qui a pour titre : *Notice sur la Chapelle et le pèlerinage de N.-D. de la Délivrande,* par M. l'abbé LAURENT, prêtre de notre diocèse et professeur à notre petit séminaire de Villiers-le-Sec. Cet ouvrage nous paraît très-propre à favoriser la piété et à entretenir la confiance des fidèles envers la sainte Vierge.

† L.-F., ÉVÊQUE DE BAYEUX.

Bayeux, le 25 avril 1840.

NOTRE - DAME

DE

LA DÉLIVRANDE

La Chapelle de la Délivrande est un lieu
de pèlerinage très-ancien, qui attire pendant les beaux jours de l'année un concours
immense de visiteurs. Depuis le commencement du printemps jusque vers le milieu
de l'automne, le sanctuaire de Marie voit
se presser chaque jour autour de l'antique
statue qu'on y révère une foule de fidèles,

accourus des différentes parties du diocèse et même de pays plus éloignés.

Bien des fois nous avions entendu le dévot pèlerin demander à connaître l'origine et l'histoire du Temple auguste où il vient prier avec tant de confiance ; s'informer avec un vif intérêt des grâces plus merveilleuses que la très-sainte Vierge s'est plu à y répandre sur ses serviteurs : mais les habitants n'avaient recueilli sur la Chapelle que des traditions vagues et incertaines, qui ne pouvaient pas satisfaire la pieuse curiosité des étrangers. Nous nous sommes alors proposé de réunir dans une courte Notice tous les faits épars qui intéressent le pèlerinage de la Délivrande, et dont le souvenir a été conservé par d'anciens auteurs, dans les archives de l'évêché de Bayeux ou même dans la mémoire des fidèles. Nous avons cru aussi devoir rapporter quelques-uns des témoignages les plus éclatants et les plus authentiques de la protection de Marie, soit pour répondre à la dévotion des âmes fidèles, soit pour expliquer l'affluence toujours croissante des visiteurs de ce pieux pèlerinage.

Nous avons fait tous nos efforts pour rendre cette seconde édition plus complète. Des documents nouveaux nous ont permis de combler plusieurs lacunes qui existaient dans la première, et nous avons ajouté à la fin des notes justificatives pour éclaircir quelques points controversés.

Puisse ce petit ouvrage inspirer à nos

lecteurs quelque sentiment de vénération pour le Sanctuaire de la Délivrande, de confiance et d'amour pour la puissante Patronne qu'on y révère ! et nous aurons atteint, bien au delà de nos espérances, le seul but que nous nous sommes proposé.

CHAPITRE I.

—

NOTICE HISTORIQUE

SUR

LA CHAPELLE DE LA DÉLIVRANDE.

Quand l'origine d'une ville, d'une paroisse, d'une église, se perd dans des temps très-reculés, souvent il est difficile à l'historien de fixer la date, de nommer les fondateurs de ces vieux monuments, dont l'existence a traversé tant de siècles. S'il s'épuise à compulser les annales et les chroniques pour y découvrir quelque témoignage certain, presque toujours ses recherches sont infructueuses, et le passé ne lui fournit aucune donnée positive, aucun titre à l'abri d'une saine critique. Dans notre province surtout, « les invasions multipliées des Normands, aux IXe et Xe siècles, nous ont dérobé tous les témoignages historiques qui pouvaient nous instruire sur les mœurs, les usages et les fondations de nos ancêtres. Les guerres étrangères et celles de religion nous ont enlevé les sources où nous aurions peut-être encore puisé quelques lumières. Enfin, la révolution est arrivée, et, comme un torrent qui renverse tout, elle a couvert par de nouvelles ruines les antiques débris qui nous restaient, et nous a jetés sur plusieurs points dans des ténèbres encore plus épaisses que celles qui environnaient les savants qui nous précédèrent (1). »

Heureux donc l'écrivain qui veut remonter à l'origine d'une ancienne église, lorsque quelque tradition constante, conservée religieusement dans l'esprit des peuples, vient suppléer au silence de l'histoire, et dissiper le nuage qui enveloppe le berceau de presque tous nos vieux monuments : tel est le précieux avantage dont nous

____

(1) *Essais historiques sur la ville de Caen*, t. 1, p. 17.

jouissons pour découvrir l'origine de la Chapelle
de la Délivrande.

D'après Robert Cénalis (1), chanoine de Bayeux
et ensuite évêque d'Avranches en 1552, le P. Ar-
tur Dumoutier (2), Hermant (3), Trigan (4) et plusieurs autres historiens (5), cette Chapelle fut fondée par saint Regnobert, évêque de Bayeux (6), et
placée par lui sous l'invocation de la sainte Vierge.
Tous ces auteurs appuient leur témoignage sur
la tradition constante du diocèse, tradition consignée dans ses anciennes liturgies et confirmée
par la vénération des fidèles pour ce temple antique. Ainsi, ce point important ne peut être

(1) *Historia gallica* (1657), page 156.

(2) *Neustria sancta*, manuscrit de la Bibliothèque natio-
nale, cité par M. Delarue.

(3) *Histoire du diocèse de Bayeux*, pag. 13.

(4) *Histoire Eccl. de la province de Normandie*, t.
1, p. 23.

(5) Fossard, Delarue..

(6) On attribue aussi à ce saint pontife la fondation des
plus anciennes églises de Caen : Saint-Sauveur, Notre-
Dame, Saint-Pierre et Saint-Jean.

l'objet d'aucune discussion sérieuse : tous les auteurs qui ont parlé de la Délivrande attribuent la fondation de son église à saint Regnobert ; aucun ne la lui conteste (1).

Un tel fait généralement admis devrait suffire, ce semble, pour fixer l'époque à laquelle remonte le pèlerinage de N.-D. de la Délivrande ; mais il n'en est point ainsi. Car l'incertitude de la chronologie pour les premiers siècles de l'Eglise gallicane, surtout dans la province de Normandie, fait que les historiens ne s'accordent pas lorsqu'ils veulent déterminer le temps où saint Regnobert occupait le siége de Bayeux.

(1) Si cependant il faut en croire l'auteur de la *Notice sur Notre-Dame de Grâce*, la Chapelle de la Délivrande aurait été fondée, vers le commencement du xie siècle, par Robert le Magnifique, duc de Normandie. Il est vrai que M. l'abbé V. n'appuie son assertion sur aucune preuve, sur aucun témoignage ; il paraît même n'avoir pas soupçonné que plusieurs historiens dignes de foi contredisent expressément la chronique très-suspecte qu'il prend pour guide. — « On ne sait rien de certain sur le temps où vivait saint Regnobert... » Peu importe à la question présente, puisque l'on s'accorde à regarder ce saint évêque comme le fondateur de la Chapelle de la Délivrande.

Quelques-uns (1), le regardant comme le successeur immédiat de saint Exupère, premier évêque de Bayeux, font remonter son existence au IIIe ou IVe siècle. Fossard, religieux franciscain, ne craint pas d'affirmer que saint Regnobert vivait au commencement du IIe siècle. « En sorte, ajoute-t-il, que l'on peut dire avec vérité qu'il y a plus de 1500 ans que l'ancienne et première Chapelle de la Délivrande fut bâtie, en laquelle les premiers chrétiens du Bessin et autres lieux circonvoisins venaient prier Dieu, par l'entremise des prières de la Vierge Marie (2). » — Cette opinion s'appuie d'ailleurs sur d'anciennes traditions et sur la liturgie du diocèse (3).

D'autres hagiographes (4), plus nombreux, il faut le reconnaître, et d'une autorité plus grave,

(1) Fossard, Hermant, Trigan... — On doit observer toutefois que ces historiens, et surtout Fossard, ne font pas toujours usage d'une critique très-éclairée dans la discussion des dates.

(2) *Ancienne fondation de la Chapelle de Notre-Dame de la Délivrande*, p. 3. — L'auteur écrivait en 1642.

(3) Die 16 maii.

(4) L'abbé Le Bœuf, dans une dissertation publiée en

regardent comme un fait historique à peu près démontré que saint Regnobert, honoré dans le diocèse comme le successeur immédiat de saint Exupère, ne doit pas être distingué de *saint Ragnobert*, XIe évêque de Bayeux, qui vivait au commencement du viie siècle et mourut vers l'année 666. Ce pontife occupa le siége épiscopal depuis l'an 620, et souscrivit à des conciles dont nous avons conservé les actes.

Quelle que soit au reste l'opinion qui semble la plus probable, la fondation primitive de l'antique Chapelle de la Délivrande doit être placée, au plus tard, vers le commencement du viie siècle, entre les années 620 et 666.

Le bourg de la Délivrande, qui doit son origine à la Chapelle du pèlerinage, est appelé par les

1707, pour prouver l'existence de saint Regnobert au viie siècle, cite à l'appui de son sentiment de nombreuses et graves autorités : le Père Mabillon (*Annal. Bened.*), les Bollandistes (16 *mai*), Baillet (*id.*). le *Gallia Christiana* (t. 11, col. 350), Claude Chastelain (*Martyrologe universel*). les *Mémoires de Trévoux* (1714 et 1715.....) —Parmi les écrivains plus modernes, Godescard (*Vie des Saints*, 16 *mai*), Richard (*Bibl. sacrée*, t. 29), l'abbé Delarue (*Essais...*, t. 1, 191), ont adopté la même opinion.

historiens, et dans les anciennes chartes, *Li-vrandia* et *Yvrandia*, et dans les actes français, la *Délivrante*, la *Délivrance*, la *Dell'Yvrande* et enfin la *Délivrande* Il semble, au premier abord, que l'on doive chercher l'origine de ce nom dans la confiance particulière qu'inspire la très-sainte Vierge à ceux qu'elle *délivre* de leurs maux (1); — et cette explication nous paraît en effet la plus simple et la plus probable. — Cependant quelques auteurs en ont donné une autre étymologie. D'après Robert Cénalis (2) et Huet (3), le mot *Délivrande* (primitivement Dell' Yvrande), serait formé de *dell* (deale), qui, en anglais, signifie portion de terrain, et *Yvrande*, nom du lieu où fut construite la Chapelle de la Vierge (4).

(1) *Dict. de Trévoux.*

(2) Corrupte dicitur, *Notre-Dame de la Délivrante*, quæ potiùs dicenda venit à *la Delle Ivrande* : hoc est, in regiunculâ portiunculâve Ivrandiæ... (page 156.)

(3) Deale, que l'on prononce *delle* en Normandie, signifie en anglais *portion*, *partie*. De cette racine se sont formés les noms de plusieurs lieux de Normandie, comme de la *Dellivrande*... (*Origines de la ville de Caen*, p. 298.)

(4) Dans plusieurs actes du XVe et du XVIe siècle, que

Depuis la fin du ive siècle jusqu'au commencement du vi^e, les Saxons, les Angles, les Jutles et autres peuples du Nord ne cessèrent d'infester les côtes septentrionales de la Gaule, que l'on appelait alors le rivage Saxon (*littus saxonicum*) (1). Ces peuplades idolâtres ne se convertirent à la foi que longtemps après leur invasion, vers les vi^e et viie siècles. Saint Regnobert, « que l'on peut regarder comme l'apôtre des Saxons de son diocèse, et dont le nom semble révéler une origine teutonique (2), » afin de propager et d'affermir la foi parmi ces peuples, fit construire plusieurs églises dans l'Hiémois et le Bessin, pays occupés à cette époque par les Saxons. Les églises, si rares dans ces contrées, durent être fréquentées avec empressement par les nouveaux convertis. Dieu, sans doute, y fit éclater sa puis-

possèdent les archives de l'évêché, on lit souvent : Notre-Dame *d'Yvrande*, la chapelle *d'Yvrande*.... Dans les registres de baptêmes de la paroisse de Douvres, jusqu'au xviiie siècle, les actes portent : *La Delle Yvrande...*

(1) *Histoire Eccl. de Norm.*, 21, p. 397.

(2) *Essais hist.*, t. 1, p. 34.

sance pour dissiper les dernières ténèbres de l'idolâtrie ; et les grâces abondantes obtenues dans ces sanctuaires privilégiés accrurent encore l'affluence des visiteurs. C'est ainsi que l'on peut expliquer l'origine du pèlerinage antique, « que « les miracles que Dieu y a opérés, dit un an- « cien auteur, et y opère tous les jours rendent « si célèbre, et qui y attirent tant de pèlerins « des provinces même les plus éloignées du « royaume (1). »

Robert Cénalis remarque, d'après les anciennes liturgies et les titres qu'il avait consultés dans les archives du Chapitre de Bayeux, que saint Regnobert était comte du Bessin, et qu'il avait fait construire la Chapelle de la Délivrande sur son propre héritage et sur le territoire de Douvres (2). De là vient sans doute que le bourg et la Chapelle de la Délivrande ont toujours dépendu de la paroisse de Douvres. Ce ne fut même qu'en 1429 que l'évêque de Bayeux permit aux habi-

---

(1) *Histoire du dioc. de Bayeux*, p. 13.

(2) In fundo proprio de Ivrandiâ..., in Dovreio pago (pag. 156).

tants de Luc de construire des maisons sur la portion de leur territoire qui bordait alors la Chapelle (1).

Tel a toujours été le rapport intime existant entre le sanctuaire de Marie et l'église paroissiale, qu'avant la révolution, contre l'usage de tout le diocèse, il n'y avait jamais eu de statue de la Vierge dans l'église de Douvres (2). La Chapelle

(1) *Extrait des Chartes et actes normands...* t. 1, pag. 307. — En 1453, une transaction conclue entre l'évêque de Bayeux et l'abbé de Caen, principal seigneur de Luc, stipulait que tous les droits de foire et marchés appartiendraient à l'évêque de Bayeux, même sur le territoire de Luc. (Tabellions de Caen, ad an. 1453.)

(2) « M. Delavigne, qui a été curé de Douvres pendant les soixante premières années du dernier siècle (de 1715 à 1767), qui avait meublé presque entièrement l'église, qui avait fait placer beaucoup de statues et de tableaux, n'a jamais eu l'idée d'y faire placer de Vierge, comme il est aisé de s'en convaincre en lisant dans les registres du temps tout ce qu'il a fait pour l'église... Ce ne fut qu'il y a une vingtaine d'années qu'on s'avisa de placer une statue de la Vierge dans l'église de Douvres. » (*Extrait d'un mémoire adressé à Monseigneur, par M. le curé de Douvres, en 1833, à l'occasion d'un conflit élevé entre les communes de Douvres et de Luc, au sujet de la Chapelle de la Délivrande.*]

de la Délivrande était regardée, en quelque sorte, comme le complément de cette paroisse.

Nous devons remarquer encore que saint Regnobert donna tous ses biens à son église cathédrale, et surtout les églises qu'il avait fondées. Telle fut sans doute l'origine de la juridiction du Chapitre de Bayeux sur la Chapelle de la Délivrande et de son patronage sur l'église paroissiale de Douvres, dont il était curé primitif ; juridiction et patronage qu'il conserva jusqu'à la fin du dernier siècle (a). La donation du saint pontife fut confirmée plus tard par l'évêque Odon, frère de Guillaume le Conquérant, et par Richard de Douvres, évêque de Bayeux en 1107, qui réunirent à la manse épiscopale la baronnie de Douvres et d'autres terres dont ils étaient seigneurs.

Dans le ixᵉ siècle, les Normands ravagèrent la Neustrie, pillèrent et détruisirent les églises et les monastères. « Ce fut en ce temps déplorable, dit Fossard, tout au commencement de ces embrasements et ravages universels, que la Chapelle de la Délivrande fut brûlée et ruinée de fond en comble par Hastinc, le premier conducteur de ces infidèles, qui brûlèrent et pillèrent l'église cathédrale de Bayeux. Ces cruautés plus que brutales donnèrent sujet d'insérer aux litanies: *à furore Normanorum, libera nos, Domine* (1). »

Comme les Normands, suivant le témoignage des historiens (2), brûlèrent ou détruisirent tous les titres et les monuments alors existants, il nous est impossible de donner aucun détail historique sur la Chapelle de la Délivrande depuis le milieu du viie siècle, où elle fut fondée, jusqu'à la deuxième moitié du xie, époque de sa reconstruction. C'est pour la même raison que cette période de l'histoire ecclésiastique de notre province offre en général beaucoup d'obscurité, et ne fournit à l'écrivain qu'un bien petit nombre de faits confirmés par des titres authentiques.

Vers le milieu du xie siècle, en 1050, suivant l'auteur du *Neustria Sancta*, qui écrivait sur la

(1) *Ancienne fondation*, p. 6.

(2) Oder. Vitalis (*Hist. Eccl.*, p. 613). In procellis quæ tempore Dannorum enormiter furuerunt, antiquorum scripta cum basilicis et ædibus incendiis deperierunt.

foi des anciens livres liturgiques du diocèse et des titres qu'il avait consultés dans la bibliothèque et les archives du Chapitre, la Chapelle de la Délivrande fut relevée de ses ruines par les soins du comte Beaudouin, qui voulut rendre aux habitants du Bessin le sanctuaire révéré de leur puissante protectrice. On ne sait trop, au reste, quel était ce Beaudouin. Fossard lui donne le titre de comte du Bessin, et ce seigneur, d'après lui, vivait au commencement du xie siècle, sous Guillaume II, duc de Normandie, *se tenant en sa baronnie de Douvres*. Mais des critiques modernes (1), appuyés sur d'anciens titres, prétendent que le restaurateur de la Chapelle fut un seigneur de Reviers, nommé Beaudouin, qui possédait de riches domaines en Angleterre (*b*).

Quel motif put porter le comte Beaudouin à relever les ruines de l'antique Chapelle ?

Une ancienne tradition s'est perpétuée sur ce sujet parmi les habitants de la contrée; elle a été

(1) L'abbé Delarue.

admise par plusieurs écrivains recommanda-bles (1), et les faits merveilleux qu'elle suppose ne nous semblent pas une raison suffisante pour la juger entièrement controuvée. Serait-il donc impossible, serait-il même étrange, aux yeux des âmes fidèles, que Dieu eût voulu entourer de circonstances extraordinaires la réédification d'un temple qui devait si puissamment contribuer à sa gloire, et où il se proposait de répandre un jour tant de grâces merveilleuses? Aussi, nous n'hésitons pas à recueillir cette pieuse tradition, dont le savant Huet a consacré le souvenir dans son hymne en l'honneur de N.-D. de la Délivrande; sans toutefois en garantir tous les détails, que le temps et l'imagination des fidèles ont pu dénaturer. — Voici, au reste, la narration simple et naïve que nous trouvons dans un ouvrage publié, vers le milieu du xviie siècle, par la Mère Marie de Blemur, alors religieuse du monastère de la Trinité de Caen :

(1) Robert Cénalis, Fossard, de Bras, la Mère de Blemur, Huet...

« La Chapelle de N.-D. de la Délivrande, ruinée par les Danois en 830, demeura deux cents
ans en ce pitoyable état ; et peut-être n'en fût-elle
jamais sortie, si la sainte Vierge n'eût témoigné
qu'elle s'ennuyait d'une si longue clôture. Elle
permit donc qu'un berger d'un seigneur nommé
Beaudouin, comte du Bessin, qui demeurait lors
à Douvres, s'aperçût qu'un de ses moutons se sé-
parait toujours du troupeau, et qu'il frappait du
pied et de la corne dans un certain endroit, où il
se couchait étant fatigué de son travail. Le berger
en fit le rapport à son maître, qui jugea aussitôt
que c'était un avertissement qu'il ne fallait pas
négliger : il fait venir un saint ermite et se
transporte sur le lieu, suivi de plusieurs gentilshommes et d'un grand concours de peuple. Il fait
ouvrir la terre que le mouton avait marquée et
on trouva l'image de la sainte Vierge, qui a tant
fait de miracles depuis sa découverte ; elle fut
portée à la tête d'une procession solennelle à l'é-
glise de Douvres, où elle ne demeura pas longtemps, parce qu'un ange la remit au lieu où elle
avait reposé, et où la sainte mère de Dieu voulait

1*

être honorée. Le comte, entrant dans son dessein, fit bâtir la chapelle que l'on voit à présent et la donna au Chapitre de Bayeux (1). »

La statue de la Vierge qui fut ainsi retrouvée sous les ruines du temple primitif, et qui est depuis tant de siècles l'objet d'une vénération particulière, occupe aujourd'hui une niche richement décorée, à l'angle que forme avec l'édifice principal la chapelle latérale du nord. Cette statue, haute à peu près d'un mètre (trois pieds), est faite d'un bloc calcaire du pays. Le costume que lui a donné

(1) *La Triple couronne de la Mère de Dieu*, édit. des Bénedictins de Solesme, Paris 1849, t. 1. p. 441.—Cet ouvrage du P. F. Poirié, jésuite, mort en 1637, parut d'abord en 1630, (1 v. in-8°) ; il fut publié une seconde fois, avec des commentaires très-étendus, par la Mère Marie Bouëtte de Blemur. Cette religieuse quitta sa communauté de Caen en 1678, pour entrer dans le premier monastère des Bénédictines du Saint-Sacrement à Paris, et mourut en 1696. Elle est l'auteur de *l'Année bénédictine*, en 7 v. in-4°, et de plusieurs autres ouvrages. A sa mort, dom Mabillon ne trouva point au-dessous de lui de tenir la plume au nom des Bénédictines du Saint-Sacrement pour rédiger la circulaire qui devait propager au loin la renommée des vertus de la Mère de Blemur.

le sculpteur est une robe longue et retenue
avec une ceinture, et ce fut probablement dans
les siècles postérieurs qu'on la peignit en bleu
moucheté d'or ; mais l'or a disparu et n'a laissé
que des mouches jaunâtres. L'artiste, en travail-
lant cette statue, lui avait conservé à même le
bloc une couronne en forme de diadème, qui fut
brisée ou par les Normands, lorsqu'ils abattirent
le premier temple, ou par les protestants, lorsqu'ils pillèrent la Chapelle, en 1562. Cependant
on voit encore facilement que cette couronne
était, dans l'origine, ornée de pointes séparées
par des rosaces, et cette forme, jointe au style de
l'ouvrage, démontre la décadence de l'art, et,
par conséquent, que la statue appartient aux
siècles du moyen âge. Les peintures qui ornent
cette statue indiquent assez qu'elle fut d'abord
exposée sans voile à la vénération des fidèles ;
mais depuis très-longtemps on la revêt de riches draperies, offertes par la piété généreuse des
pèlerins.

L'église actuelle a subi, depuis sa réédification,
de nombreuses transformations. Le style des

constructions nouvelles contraste brusquement avec les restes de l'ancien édifice et accuse une époque beaucoup plus rapprochée. Le portail principal avec le gable dans lequel il est ouvert, quelques parties des murs latéraux, dont la paroi extérieure conserve encore les vestiges des petites arcades cintrées qui la décoraient, les quatre fenêtres du chœur, agrandies en dehors pour l'élargissement des vitres, mais dont les cintres intérieurs, entourés de zigzag, paraissent n'avoir subi aucune modification : toutes ces parties, quoique bien mutilées, annoncent l'architecture des xie et xiie siècles. On aperçoit encore dans la nef quelques traces des croisées primitives, que l'on a bouchées pour en ouvrir de plus grandes.

Des deux chapelles qui forment le croisillon, l'une, vers le midi, fut fondée par Pierre Le Gendre, trésorier général de France, et bâtie à la fin de 1523 (1). Elle est aujourd'hui sous le patronage de saint Joseph. — Nous lisons dans les ar-

____

(1) *Arch. de l'Év.*

chives de l'évêché que Pierre Le Gendre avait
demandé au Chapitre la permission de « faire bâtir cette chapelle de même structure que celle dé-
diée à sainte Anne (1). » Ce qui semble prouver
que la chapelle qui regarde le nord existait déjà
lorsque l'autre fut construite (c). — Le 24 août
1422, des commissaires sont envoyés à la Délivrande par le Chapitre de Bayeux pour visiter
« un édifice nouveau qu'il avait fait ajouter à la
nef principale (2) ». On serait porté à croire qu'il
s'agit ici de la chapelle Sainte-Anne, qui paraît
en effet remonter à cette époque, et qu'on sait
d'ailleurs (3) avoir été construite aux frais du
Chapitre.

L'apside ou rond-point, la niche qu'occupe ac-
tuellement la statue révérée, et la plupart des
changements qu'a subis l'édifice primitif n'ont été
exécutés que dans la première moitié du XVIIᵉ
siècle. C'est sans doute à la même époque que fut

(1) *Arch. de l'Év.* — 9 septembre 1523.

(2) *Arch. de l'Év.*

(3) M. l'abbé Delarue.

construit le portail latéral, dont l'entablement, appuyé sur deux colonnes d'ordre dorique, est couronné par une statue de la Vierge. — La grande arcade ogivale qui termine la nef et la voûte du chœur sont plus anciennes. — Les fenêtres de la nef et du chœur furent agrandies, les unes en 1629, les autres en 1650. — La construction de la sacristie remonte à l'année 1617 (1).

Le 30 décembre 1659, le sieur Saint-Clair Turgot, auparavant doyen de Bayeux, fit don de 3000 livres pour la décoration de la Chapelle (2). Il est vraisemblable que le Chapitre ajouta à cette généreuse offrande ce qui était nécessaire pour l'exécution des travaux importants qui furent entrepris vers cette époque (d).

La Chapelle avait alors pour directeur Gilles Buhot, chanoine de Cartigny, « lequel s'appliqua tout entier à son ornemeut et à se sbesoins (3). » Ce

(1) *Arch. de l'Év.*

(2) *Arch. de l'Év.*

(3) *Hist. du diocèse de Bay.*, p. 508.

prêtre, aussi savant que zélé, partagea sa vigilance et sa fortune entre le temple de la Vierge, dont il désirait accomplir la restauration, et le séminaire que M. de Nesmond venait d'établir à la Délivrande, pour former les jeunes ecclésiastiques aux fonctions du ministère. — Ce fut lui également qui fit construire en 1655 la rangée de loges destinées aux vendeurs de chapelets (1). Auparavant, le Chapitre envoyait chaque année un commissaire qui leur louait des places au profit de la Chapelle, « de manière à ce qu'ils n'incommodâssent pas ladite Chapelle (2). »

Gilles Buhot mourut à la Délivrande en 1674, après avoir administré la Chapelle pendant près de 40 ans (e). C'est à lui surtout que l'on doit l'exécution des nombreux travaux qui furent entrepris pendant ce temps pour la décoration du sanctuaire de Marie, et qui ont été complétés dans le siècle suivant.

En effet, des dépenses très-considérables

(1) *Arch. de l'Év.*

(2) Ibid. — 3 octobre 1644.

furent faites en 1735 par l'ordre du Chapitre pour l'ornement de la Chapelle. Le grand autel que l'on voit aujourd'hui et la belle grille en fer qui sépare le chœur de la nef furent achetés à Paris (1). Le lambris qui revêt les murs, et les petits autels sont de la même époque.

Tous ces embellissements, sans doute, ne sont pas en complète harmonie avec le style d'un édifice du xie siècle ; ils lui donnent même une expression bien différente de celle qu'il devait avoir primitivement, et nous devons regretter que l'on ait détruit, par ces restaurations inopportunes, le caractère et les souvenirs pieux que le temps avait imprimés sur les murs de l'antique Chapelle. L'église ne laisse pas cependant de produire dans son ensemble un effet imposant et religieux.

Le grand autel, en marbre rouge, est surmonté de deux colonnes saillantes et de quatre pilastres

(1) L'ancien tabernacle et le grand tableau de l'Annonciation, qui ornaient l'autel primitif, furent accordés au curé de Douvres pour la décoration de son église. (*Notes écrites par M. Delavigne sur le registre des baptêmes de la paroisse de Douvres.* Années 1735, 36 et 37.)

d'ordre corinthien, qui soutiennent un riche couronnement sous lequel est suspendue une Assomption de la Vierge, d'un travail très-correct. De chaque côté du tabernacle ont été placés deux précieux reliquaires, qui contiennent des reliques de tous les saints honorés dans l'année, d'après l'ordre du calendrier (1). Les petits autels, également en marbre, se composent de deux colonnes d'ordre composite, supportant un fronton qui se termine par une croix. D'un côté, la statue de saint Joseph avec l'enfant Jésus, de l'autre sainte Anne avec la Vierge Marie occupent le fond de chaque autel. Ces deux groupes paraissent encore supérieurs pour l'exécution à la belle statue qui décore l'autel principal.

Outre les chapelles latérales consacrées sous le vocable de sainte Anne et de saint Joseph, on voyait encore autrefois dans le temple de Marie deux petits autels dédiés à saint Exupère et à

(1) Ces reliquaires furent apportés de Rome en juin 1838 par M. l'abbé Saulet, supérieur des Missionnaires, et offerts à la Chapelle de la Délivrande, comme un souvenir de son pèlerinage au tombeau des apôtres.

saint Regnobert. Ils étaient placés entre le chœur et la nef, à l'endroit même où l'on a élevé la grille, et appuyés contre un lambris sculpté et doré, où « étaient peintes sur le bois les images des saints de Bayeux (1). » Les statues de saint Exupère et de saint Regnobert faisaient aussi partie de la décoration. Il n'existe plus aucune trace de ces pieux monuments consacrés par nos ancêtres pour honorer la mémoire du premier évêque de Bayeux et du saint fondateur de la chapelle de Marie. Ces autels furent détruits en 1735 (2)

(1) *Notes de M. Delavigne.* — On conserve encore à la Délivrande deux anciens tableaux de saint Exupère et de saint Regnobert, qui sans doute avaient servi à l'ornement des autels dont nous parlons.

(2) M. Delavigne raconte naïvement dans les notes déjà citées que « les MM. du vénérable Chapitre de la cathédrale de Bayeux, patrons et collateurs du bénifice cure de Saint-Remi de Douvres, ayant fait démolir les deux petits autels de la Delle Yvrande, se laissèrent fléchir par ses prières et sollicitations, et lui accordèrent pour l'ornement de son église quelques morceaux de lambris des chapelles de Saint-Exupère et Saint-Regnobert, avec un cintre doré et d'autres vieux ornements de bois, dont il a fait faire une espèce de ciselure sur les pierres de la contre-table de

pour faciliter la décoration de la Chapelle. On doit assurément regretter que le chanoine commissaire (1), chargé par le Chapitre de diriger les embellissements, ait cru devoir sacrifier au coup d'œil et à la régularité de l'édifice des monuments historiques si précieux, des souvenirs si intéressants. Qui n'aimerait encore à voir s'élever auprès de la statue de Marie les images du saint apôtre qui apporta la foi dans nos contrées, et du pontife qui jeta les fondements de l'antique Chapelle où la Mère de Dieu reçoit aujourd'hui nos hommages (f)?

l'église de Douvres. — Les chanoines concédèrent encore au bon curé, sur sa demande, lors de la démolition desdits autels, une *image en bosse*, faite de terre cuite, de saint Regnobert, que ledit sieur Delavigne, le 6 juin 1735, fit placer à ses propres frais sur la corniche de la contre-table du grand autel, sous le nom de Saint-Remi, patron de la paroisse ; et lui fit faire une double croix, comme étant archevêque. » — Cette statue se voit encore aujourd'hui dans l'église de Douvres, où elle a été rendue à sa première destination. Elle est fort bien faite, d'un style très-ancien, et assigne une haute antiquité au petit autel qu'elle décorait dans la Chapelle de la Délivrande.

(1) C'était M. l'abbé Campagne, grand chantre de la cathédrale. (*Notes de M. Delav.*)

Nous avons pensé devoir indiquer rapidement les diverses transformations qu'a éprouvées le sanctuaire de la Délivrande, afin de n'être plus obligé d'interrompre le récit des faits que nous avons encore à raconter.

Pendant les xiiie, xive et xve siècles, Douvres fut la maison de campagne des évêques de Bayeux. On trouve une infinité d'actes datés du château qu'ils avaient dans cette paroisse ; et ce séjour de la cour épiscopale contribua beaucoup à l'augmentation du bourg de la Délivrande.

« Mais ce qui augmenta bien davantage la renommée du pèlerinage, fut l'affluence des fidèles qui, dès les plus anciens temps et de toutes les parties de la province, vinrent en visiter la Chapelle (1). »

Ce lieu était si révéré que, depuis le xiii^o siècle, les évêques de Bayeux ne prirent jamais possession de leur siége qu'après avoir fait le pèlerinage de la Délivrande. « C'est une louable et ancienne coutume, dit Hermant, que les é-

____

(1) *Essais Hist.*, t. 2., p. 360.

vêques de notre diocèse nouvellement consacrés,
avant que d'entrer dans leur ville épiscopale,
aillent rendre leurs devoirs à la sainte Vierge,
qui en est la patronne, dans la célèbre et miraculeuse Chapelle de la Délivrande (1). »

L'auteur donne ensuite quelques détails sur
la réception qui fut faite à M. de Nesmond, lorsqu'il accomplit cette dévotion, le 14 mai 1662. Ces
détails sont entièrement conformes à ceux que
nous trouvons dans une lettre du fameux abbé
Michel de Saint-Martin, à la date du 8 juin de
la même année. Comme cet ancien recteur de
l'université de Caen (2), grand amateur, comme
on sait, du bruit et des fêtes publiques, avait

(1) *Hist. du diocèse de Bayeux*, p. 480.

(2) L'abbé de Saint-Martin fut recteur en 1653, du mois
de mars au mois d'octobre. D'après l'auteur de la *Man-
darinade* (t. III, p. 196), satire amère dirigée contre l'abbé
de Saint-Martin, celui-ci avait écrit une *Description de
toutes les cérémonies qui furent pratiquées à l'arrivée de
M. de Nesmond dans son diocèse.* « Ouvrage, ajoute le
critique, fort approprié à l'esprit, aux lumières et au goût
de l'auteur, amateur des spectacles et du faste des cérémonies. » Nous ne pensons pas que cet écrit ait été publié.

sans doute été témoin de la solennité qu'il raconte, nous détacherons de sa narration le passage suivant :

« Ce grand prélat étant arrivé en ce saint lieu (la Délivrande), entra dans la communauté des prêtres, prit son rochet et son camail. Allant à l'église, il fut salué par cent coups de mousquet, que tirèrent cent vassaux des seigneuries voisines de cette sainte Chapelle. Et le sieur de Cartigny, docteur de Paris, directeur très-soigneux de cette église, se trouva à la porte revêtu d'une chape et la croix à la main, laquelle il présenta à baiser à Monseigneur, qui s'agenouilla ensuite sur un prie-Dieu qu'on lui avait préparé. Sa prière étant finie, ledit sieur de Cartigny fit une harangue docte et recherchée, à laquelle Monseigneur répondit éloquemment, baisa derechef la croix, et les chantres entonnèrent ces mots fort convenables à un si grand prélat : *Ecce sacerdos magnus...*; puis, il se mit sous un dais qu'on lui avait préparé, pour se disposer à dire la sainte messe. L'ayant célébrée, grande quantité de monde reçut la sainte communion de sa main... Au sortir de l'église, il fut encore salué de pareil nombre de coups de mousquet. » (*Lettre à M. de la Roque*. Caen.)

Suivi encore par M. de Luynes, interrompu ensuite jusqu'à nos jours (1), cet antique usage fut renouvelé, en 1836, par Mgr Robin, qui, avant d'entrer dans sa ville épiscopale, voulut consacrer son ministère à la puissante patronne du diocèse qui lui était confié. — On vit aussi des archevêques de Rouen qui, en faisant la visite de leur province ecclésiastique, allaient rendre hommage à la Vierge « dans le temple où elle est révérée dans le bourg de Douvres (2). »

A l'exemple de tous ces pontifes, Mgr Leherpeur, à peine sacré évêque de la Martinique, vint aussitôt (12 janvier 1851) se prosterner dans le sanctuaire à l'ombre duquel s'étaient

(1) D'après un manuscrit cité par M. Léon Piliet, M. de Rochechouart, à l'imitation de ses prédécesseurs, aurait fait aussi le pèlerinage de la Délivrande, lorsqu'il vint prendre possession de l'évêché de Bayeux, le samedi 20 juillet 1754.

(2) *Regist. Odonis, Arch. Rothom.*

écoulées les années si actives de son sacerdoce, pour mettre sous la protection de N. D. de la Délivrande le difficile et glorieux apostolat qui s'ouvrait à son zèle.

Outre le concours immense de fidèles qui affluait de toutes les parties de la province, l'usage était établi dans la plupart des paroisses du diocèse de faire chaque année le pèlerinage en procession. « Les processions, dit Fossard, commencèrent à venir à Notre-Dame de la Délivrande avec affluence du peuple lorsqu'il y eut une apparition faite au berger pour la découverte d'une image de Notre-Dame (1). » Cet usage existait dans les paroisses de Caen il y a plus de trois cents ans ; et si les comptes des trésoriers indiquent de tels pèlerinages à cette époque, on doit croire leur origine beaucoup plus ancienne (2). — Nous trouvons d'ailleurs dans les archives de l'évêché les dates précises d'un grand nombre de processions *solennelles* de la cathédrale

(1) *Anc. Fond.* , p. 42.

(2) *Essais historiques*, L. 2, page 361.

faites à la Délivrande pour plusieurs nécessités (1).
— « La dévotion envers la très-sainte Vierge, écrivait un pieux auteur vers le milieu du XVIIᵉ siècle, augmente tous les jours. L'on y va en procession des villes de Caen et de Bayeux et toutes les paroisses, et les communautés des religieux rendent tous les ans ce tribut à la Mère de Dieu (2). »

Nous allons ajouter à cet aperçu général quelques faits isolés, les plus intéressants que nous ayons pu recueillir. Nous les raconterons sans autre enchaînement que l'ordre chronologique.

« Dans le XIIIᵉ siècle et les suivants, dit le savant auteur des *Essais historiques*, presque tous les testaments contenaient des legs faits à l'église de Notre-Dame de la Délivrande (3). »

(1) Nous n'en citerons que quelques-unes : le 20 septembre 1476 ; le Chapitre fait porter un cierge de 30 livres pour brûler devant l'image de la sainte Vierge. — 12 octobre 1500. — 9 mai 1513. — 21 août 1515. — 4 Mai 1517. — 15 juillet 1519. — 8 juin 1524. — 27 et 30 août 1540. — 5 juillet 1593. — 12 juin 1615, pour la paix. — 11 juin 1646. — 26 mai 1662, pour les nécessités du temps.

(2) *La Triple couronne*, t. 1, p. 445.

(3) T. 2, page 360.

— Ainsi, le 6 septembre 1340, Guillaume de Beaujeu, évêque de Bayeux, fit, par testament, fondation de quatre chapelains à la Délivrande ; ce qui fut confirmé par Guillaume Bertrand, son successeur (1).

Cependant, à la fin du xiv⁰ siècle, comme toutes les autres églises de notre province, qui venait à peine d'être arrachée à la domination tyrannique des Anglais, la Chapelle de la Délivrande était très-pauvre et dans un complet dénûment. Le 20 avril 1373, les députés du Chapitre présentent un inventaire des meubles qu'ils y ont trouvés, « consistant en un calice et patène d'argent, un plat d'étain, une chasuble, étole et manipule, une aube, cinq nappes, quelques corporaux, un vieux bréviaire et une petite cloche (2). » — Tel était l'état de détresse où les guerres continuelles des deux derniers siècles avaient réduit le sanctuaire révéré.

(1) *Acta bajocassea*, recueil de pièces importantes, formé par les soins de M. Petite, ancien official du diocèse, et que possède aujourd'hui la Bibliothèque de Bayeux.

2) *Arch. de l'Évêché.*

Mais, avec la paix, on vit promptement refleurir la piété généreuse des fidèles et leur zèle pour visiter et embellir le temple de Marie. Dès l'année suivante (3 juin 1374), il est fait don d'une chasuble rouge, par M. d'Estampes. Bientôt le Chapitre ordonne la restauration de la Chapelle, fait réparer tous les ornements, répeindre les images... (17 septembre 1385). Le concours des pèlerins qui accouraient à la Délivrande était dès lors si grand, que le revenu de l'église s'élevait à 1,400 l., somme très-considérable pour l'époque (18 novembre 1390) (1).

Aussi, des réparations et embellissements ne tardent pas à être exécutés par ordre du Chapitre. En 1422, « un édifice nouveau (2) » est ajouté à la Chapelle de la Délivrande. En 1434, il est ordonné de paver la nef et « de peindre la voûte (h). » En 1435, des commissaires sont envoyés « pour

(1) *Arch. de l'Évéché.*

(2) Probablement, comme nous l'avons dit déjà, une des chapelles latérales.

faire réparer les images et prescrire tout ce qui est nécessaire (1). »

Le xv⁰ siècle et les suivants virent naître plusieurs contestations entre l'évêque de Bayeux et le Chapitre de la cathédrale, au sujet de la juridiction et des revenus de la Chapelle. En 1444 (4 mai), l'évêque Zanon, après une enquête faite devant l'official de Caen, concède tous ses droits sur la grande place de la Délivrande au Chapitre, qui peut la donner à ferme, mais à charge d'y laisser paître les bestiaux des pèlerins (*i*). — Le 19 avril 1515, René de Prie, cardinal-évêque, se désiste du procès qu'il avait intenté au Chapitre pour la juridiction de la Chapelle. — 25 octobre 1640, Jacques d'Angennes renonce aux prétentions qu'il voulait faire valoir sur la place de la Délivrande. — Ainsi, le Chapitre de Bayeux eut toujours la jouissance et la direction de la Chapelle : il percevait les revenus, acquittait les charges, et fournissait à l'entretien (*j*). Il confiait l'administration de l'église tantôt à un

(1) *Arch. de l'Év.*

ou plusieurs de ses membres qui se succédaient tour à tour, tantôt à des prêtres séculiers, qu'il avait droit de choisir et de révoquer (1). Le sacristain était considéré comme habitué du Chapitre et portait les habits d'église (2).

3 août 1461. — Des commissaires sont nommés par le Chapitre pour aller « prêcher et chanter une messe à notes à la Chapelle, le dimanche d'après l'Assomption, qui doit être la fête de la Dédicace de ladite Chapelle. »

14 août 1473. — Pèlerinage de Louis XI. — « On sait que Louis XI, quoique prince peu scrupuleux, comme il en donna grande marque dans le cours de sa vie, ne laissait pas d'avoir une dévotion particulière à la sainte Vierge (3). Par

(1) Ce droit, contesté à plusieurs reprises, fut confirmé par deux arrêts du parlement de Rouen. *(Arch. de l'Év.* — 9 fév. 1638, 30 mai 1672).

(2) *Arch. de l'Év.*, 5 mars 1450.

(3) On lit dans l'histoire qu'il visita N.-D. de Roc Amadour, en 1463 ; N.-D. de Fourvières, en 1476 ; N.-D. de Liesse, en 1475... — On sait d'ailleurs quelle dévotion il avait pour N.-D. de Cléry.

une suite de cette dévotion, ayant appris qu'il y avait dans le diocèse de Bayeux, à trois lieues de la ville de Caen, une chapelle célèbre par le concours des peuples qui y viennent, même des royaumes étrangers, et par l'assistance qu'en reçoivent souvent les personnes malades et affligées, dans laquelle la sainte Vierge est honorée sous le nom de Notre-Dame de la Délivrande, il résolut d'y aller en pèlerinage. Louis de Harcourt eut l''honneur de l'accompagner dans ce voyage de dévotion, et, comme cette Chapelle était située dans son diocèse, il eut soin de faire recevoir le roi, dans les villes de Bayeux et de Caen, avec toute la magnificence possible. La noblesse et la bourgeoisie n'épargnèrent rien pour témoigner leur zèle et leur respect dans l'entrée qu'ils devaient faire à leur monarque, qui en parut fort content. Pour marquer sa reconnaissance aux habitants de la ville de Caen, et pour laisser en même temps à la postérité quelques marques de ce pieux voyage, il donna la place où l'on vend le poisson à l'église paroissiale de cette ville (Saint-Pierre) (1). » — Louis XI, arrivé à la Délivrande le 14 août, y resta jusqu'au 19. Il assista à la solennité de l'Assomption, jour anniversaire de son sacre. Parmi les seigneurs qui accompagnaient le roi, outre Louis de Harcourt, patriarche de Jérusalem et évêque de Bayeux, on remarquait Louis de Bourbon, amiral de France, et le duc de Torcy, grand maître des arbalétriers (*k*).

Louis XI, suivant le sieur de Bras (Charles de Bourgueville), fit dresser un beau contre-autel *en la Chapelle de la Délivrande*, *où il était gravé en pierre;* mais les protestants le démolirent en 1562 (2). — Le roi donna en offrande à la Chapelle 303 écus (428 l. 18 s. 4 d.), et des étoffes pour faire des ornements (3). — Il ne paraît pas cependant que la munificence royale eût suffi pour subvenir à tous les besoins du culte. Car, dès l'année 1476 (3 mai), nous voyons le Cha-

----

(1) *Hist. du dioc. de Bayeux*, p. 351.

(2) *Recherches et Antiquités*, page 97.

(3) *Arch. de l'Év.*

pitre ordonner que le « cœur d'or qui est à la Chapelle sera vendu pour avoir des chapes à cette église (1). »

Ce fut pendant son séjour à la Délivrande que Louis XI permit, par lettres patentes du 16 août 1473, aux trésoriers de Saint-Pierre de Caen, d'agrandir le cimetière de la paroisse et de prendre sur les murs de la ville, et même sur la rivière, le terrain nécessaire pour construire l'abside de leur église.

Louis XIII aurait fait aussi le pèlerinage de la Délivrande, s'il faut en croire un auteur contemporain (2). Mais nous n'avons pu vérifier l'exactitude de ce document, car ni l'histoire ni la tradition ne nous ont fourni sur ce fait aucun renseignement.

Vers le commencement du xvıᵉ siècle, le concours des pèlerins devint si considérable, que le Chapitre fut contraint de faire des règlements, soit pour la tenue intérieure de la Chapelle (29

(1) *Arch. de l'Év.*
(2) *Éphémérides normandes*, t. 1. page 21.

juin 1541), soit pour l'ordre à suivre dans la célébration des messes (2 mai 1524). Les prêtres de Douvres, est-il dit dans l'arrêté capitulaire, seront préférés aux externes, *qui viennent de tous côtés* pour célébrer les messes qui se disent en ce saint lieu.

Au mois de mai 1562, toutes les églises, tous les monastères de Caen, de Bayeux et des environs furent profanés et saccagés par les protestants. Ces aveugles destructeurs n'épargnaient aucun monument religieux et ne respectaient pas même les tombeaux et les reliques des saints. Le sanctuaire de Marie ne devait pas trouver grâce devant ces ennemis de tout culte sensible. Ils le livrèrent au pillage, détruisirent les ornements, brûlèrent les tableaux, enlevèrent les vases sacrés.... Mais Dieu permit que la statue miraculeuse, objet du pèlerinage et le plus précieux ornement du temple, échappât à la fureur des hérétiques, comme autrefois elle avait échappé aux ravages des barbares.

Le Chapitre de Bayeux nomma aussitôt des

commissaires pour faire réparer, « aux dépens de la commune (1), » les dégradations commises par les calvinistes; et tel était l'état de misère auquel ces hérétiques avaient réduit la Chapelle de la Vierge, que l'on ne put acheter que des calices d'étain, pour remplacer ceux qui avaient été enlevés (2).

Une image de la Vierge, peut-être celle qui ornait l'autel principal ou la porte d'entrée, avait été brisée par les protestants. Le Chapitre paya 10 l. à un statuaire de Caen pour la remplacer (8 août 1561). — Vingt ans plus tard, le sous-chantre de la cathédrale fit offrande à la

(1) *Arch. de l'Év.* 30 juin 1562. — Ces expressions, *aux dépens de la commune*, n'offrent point, dans le langage du temps, le sens qu'on leur donnerait aujourd'hui. Elles signifient seulement que les réparations faites à la Chapelle devaient être payées sur les fonds communs et non sur les revenus propres du Chapitre. C'est du moins ce que l'on peut conclure d'un autre extrait des archives, où il est dit, à l'occasion de dépenses faites pour recouvrir la nef de la Chapelle, qu' « elles seront payées des deniers de la commune et non du trésor, parce que ce sont seulement réparations. » (12 septembre 1453.)

(2) Ibid. 7 juillet 1562.

Chapelle d'une autre image de Notre-Dame ; et le chanoine de Froide-Rue fut chargé de la *faire asseoir* (1). Mais, en 1628 (3 janvier), le Chapitre autorisa le marquis de Beuvron à construire une niche convenable pour placer cette statue (2). C'est probablement cette niche que l'on voit encore à l'entrée de l'église, au-dessus du portail latéral.

Vers la fin du xve siècle, les guerres de religion et les violences exercées par les protestants avaient diminué considérablement le concours ainsi que les revenus du pèlerinage. En 1595 (22 novembre), la Chapelle était donnée à ferme au sieur Chefdeville, prêtre, « pour le prix de 120 francs par an, à la réserve des joyaux et présents, qui demeuraient au profit du Chapitre (3). »

La vénération pour la Chapelle de la Délivrande reprit un nouvel essor au siècle suivant, et la piété des fidèles se montra de plus en plus géné-

---

(1) *Arch. de l'Év.* 20 fév. 1580.

(2) Ibid.

(3) Ibid.

reuse pour décorer le sanctuaire de leur protec-trice. Nous ne pouvons énumérer dans une courte notice toutes les offrandes de cette époque dont on a conservé le souvenir : cela nous entraîne-rait dans de longs détails, qui n'offriraient que bien peu d'intérêt à la plupart de nos lecteurs (1). — Nous rapporterons seulement ce qu'écrivait

(1) Cependant quelques dons plus remarquables doivent être rappelés, comme témoignages de l'empressement avec lequel les personnes de tout rang contribuaient alors à la décoration de la sainte Chapelle :

9 septembre 1644, don, par l'abbesse de Caen, d'un ta-bernacle d'ébène, relevé de quelques figures et de petits tableaux, lequel a été placé sur le grand autel. — 16 juin 1645, don d'un bras d'argent par le gouverneur de Dour-len, et d'une lampe apportée de Séville par un homme du pays d'Auge. — 14 juin 1648, don d'une lampe d'ar-gent, d'une chasuble et d'un devant d'autel en satin rouge, par Mre Poirier, seigneur d'Anfréville, président au parle-ment. — 25 novembre 1648, don d'une lampe d'argent par Dame Anne Le Tellier, baronne de Beaucrespin. — Huit louis d'or sont trouvés dans le tronc avec un billet qui les destine à l'achat d'une lampe. — 17 mars 1663, don d'une croix et deux chandeliers par une personne qui a voulu rester inconnue. — 13 juin 1664, don d'une lampe d'ar-gent par M. le comte de Torigny.— 27 août 1666, don d'une lampe d'argent par M. du Bouillon-Malherbe. — Plusieurs

un auteur, au commencement du XVIIIe siècle, en parlant du sanctuaire de la Délivrande : « On y dit la messe à cinq autels (1) , dont le principal est orné de beaucoup d'argenterie. Treize lampes d'argent brûlent dans cette même Chapelle (2). »

Tel était, au reste, le zèle des fidèles pour orner le temple de Marie, que le Chapitre, dès le commencement du XVIIe siècle, afin d'empêcher les abus et d'éviter la confusion, fit défense de suspendre aucun objet pour la décoration de la Chapelle, sans une autorisation spéciale (3). Ce ne fut que longtemps après (3 juin 1670), qu'un tronc fut placé devant la statue de la Vierge pour recueillir les offrandes des pèlerins (l).

Tant de richesses devaient exciter la convoitise

lampes d'argent et autres objets précieux furent encore offerts à la Chapelle par le duc de Villars, le comte de Tillers, le baron de Mesnil-Garnier.... *(Arch. de l'Évéché.)*

(1) Les petits autels de saint Exupère et de saint Regnobert n'avaient point encore été détruits.

(2) Bruzen de la Martinière. *Diction. géog, hist*.... (1726). —Art. écrit d'après un mém. composé sur les lieux en 1704.

(3) *Arch. de l'Év.* 19 fév. 1600.

des malfaiteurs, à l'époque surtout où notre province, agitée par les dissensions religieuses, était en proie à toutes les déprédations qu'elles entraînent toujours à leur suite. Souvent il fut ordonné, par prudence, de transporter au trésor les joyaux et l'argenterie de la Chapelle (1). Cependant, malgré cette précaution, plusieurs vols sacriléges y furent commis pendant le cours du xviiᵉ siècle. Dès l'année 1594, le Chapitre avait envoyé des commissaires pour informer d'un crime de ce genre. Le 2 mai 1639, l'église fut forcée pendant la nuit et trois lampes d'argent dérobées par les voleurs. Mais ils ne purent se soustraire aux poursuites de la justice, et furent condamnés par le tribunal de Falaise. Treize marcs d'argent brisé, provenant de ce vol, furent rendus au Chapitre, qui en fit faire une nouvelle lampe portant les armes du duc de Villars, du comte de Tillers et du baron de Mesnil-Garnier, donateurs des lampes volées. — Pendant la nuit du 5 octobre 1660, toute l'argenterie de la Cha-

(1) *Arch. de l'Év,* 23 mars, 3 avril 1543, 14 et 23 mai 1674.

pelle fut enlevée , le ciboire avec les saintes hos-
ties, les calices...; le tronc fut rompu. Les voleurs
furent encore découverts et condamnés, après
un long procès, les uns à Brézolles , les autres
à Caen (*m*). Le Chapitre parvint à recouvrer trente-
trois marcs d'argent provenant des objets volés, et
les malfaiteurs, par sentence du tribunal, lui
payèrent 10,000 l. de dommages et intérêts. Le
tout fut employé à l'ornement de la Chapelle (1).

Des crimes aussi déplorables devinrent l'occasion
de plusieurs cérémonies expiatoires qui furent
célébrées avec beaucoup de solennité dans la
Chapelle de la Délivrande. « Jacques d'Angennes,
dit Hermant, accompagna avec édification la
procession générale que fit le Chapitre de Bayeux
à ladite église, l'an 1645 , en expiation du sa-
crilége que commirent quelques impies, en vo-
lant ce qu'il y avait de plus précieux dans ce lieu
si célèbre par la dévotion des peuples, qui était
les effets de leurs vœux et reconnaissance, pour
les grâces qu'ils avaient obtenues de Dieu par

(1) *Arch. de l'Év.*

les prières et par l'intercession de la sainte Vierge (1). » — Aussitôt après le vol de 1660 (5 novembre), le Chapitre ordonna de faire dans la Chapelle une *procession générale*, où l'on porterait le saint Sacrement en réparation des outrages sacriléges commis par les malfaiteurs envers la divine Eucharistie (2).

La Chapelle de la Délivrande fut encore témoin, vers la même époque, d'un scandale bien affligeant pour la foi. En 1662, le jour de l'Assomption, fête patronale de ce lieu de pèlerinage, pendant que le prédicateur célébrait, au milieu d'une assemblée nombreuse, les vertus et la puissance de Marie, un calviniste osa l'interrompre en élevant audacieusement la voix pour blasphémer contre la Mère de Dieu. Dès le lendemain, des députés furent envoyés par le Chapitre de Bayeux, pour informer de ce désordre qui fut traduit au bailliage criminel de Caen. Le blasphémateur fut condamné, par sentence du 20 août

(1) *Hist. du dioc. de Bayeux*, page 463.
(2) *Arch. de l'Év.*

1663 , « à faire réparation honorable , tête et pieds nus, et en chemise, tenant en sa main une torche ardente du poids de deux livres, tant au prétoire dudit siége, que devant la porte principale de cette Chapelle; et là, étant à genoux, demander pardon à Dieu , à la sainte Vierge, au roi et à la justice : et déclarer qu'imprudemment, et témérairement, et faussement il aurait proféré les paroles mentionnées au procès : et, en outre, condamné au bannissement pour cinq années, en 600 livres d'amende , dont moitié appliquée à cette Chapelle , et en 200 livres d'intérêts; parce que lesdits Sieurs du Chapitre feront construire et placer en ce lieu une table de marbre , sur laquelle sera gravée en lettres d'or la présente condamnation. » (*Extrait de l'arrêt.*)

Ces violences et ces scandales ne faisaient, au reste, que rendre plus vive la dévotion des fidèles envers Notre-Dame de la Délivrande, témoins les deux faits que nous allons citer.

En 1635 , la ville de Caen se trouvant cruellement affligée par une maladie contagieuse, les capucins, qui s'étaient montrés pleins de dévouement et de charité contre le fléau, se rendirent processionnellement à la Délivrande pour en implorer la cessation. Ils s'y trouvèrent au nombre de quarante, portant tous à la main une croix de bois. « Le résultat fut tel, dit un auteur moderne, que tout l'honneur en revint aux pères capucins. L'usage du pèlerinage devint annuel, et nous l'avons vu subsistant jusqu'à la révolution. Il se faisait le mardi dans l'octave de la Fête-Dieu. Les capucins de toutes les communautés des environs venaient s'y joindre. A leur retour, le clergé de Saint-Pierre, en procession solennelle, portant le saint Sacrement, sortait de son église, s'avançait jusqu'au bout de la rue du Vaugueux à la rencontre des bons pères. Le peuple affluait en foule et l'on parlait des miracles qui avaient communément lieu à cette occasion (1). »

Autre fait. — « Mme Laurence de Budos, abbesse du royal monastère de la Sainte-Trinité de Caen, voua à N.-D. de la Délivrande sa maison, sa personne et ses filles pendant une contagion qui

(1) *Hist de la ville de Caen*, par F. Vautier, p. 87.

infestait le pays. La sainte Vierge eut sa piété si agréable que la protection qu'elle prit de sa communauté pourrait passer pour miraculeuse. Depuis son vœu, elle ne manquait point d'envoyer MM. les aumôniers de l'abbaye, les officiers et les domestiques, tous les ans, le jour de N.-D. de Pitié à la sainte Chapelle pour lui renouveler son hommage, accompagnant ce pèlerinage de quelque beau présent. La communion se faisait généralement le même jour par toutes les personnes qui demeuraient dans le monastère, jusqu'aux pensionnaires ; et on peut dire que cette excellente abbesse a laissé cette dévotion comme héréditaire à ses filles (1). »

L'histoire de la Chapelle n'offre rien de bien remarquable depuis le commencement du XVIIIe siècle. Toujours même affluence, même dévotion, même générosité de la part des pèlerins ; toujours même assistance, même protection puissante de la part de Marie. Nous ne rencontrons plus que quelques faits isolés qui pourront encore intéres-

(2) La Mère de Blemur. *La Trip. Cour.*, t. i. p. 443.

ser nos lecteurs, et que nous devons recueillir pour ne point en perdre la mémoire.

Une contestation s'étant élevée en 1700 entre le Chapitre de Bayeux et le curé de Douvres, qui réclamait en faveur des pauvres de sa paroisse, le parlement de Rouen, par un arrêt contradictoire, jugea « que, la Chapelle étant sur le territoire de Douvres, un tronc pour les aumônes serait placé dans la Chapelle ; que, sur la masse, le Chapitre en donnerait un tiers aux pauvres de Douvres, et distribuerait les deux autres tiers aux pauvres des paroisses de sa juridiction. »

En 1714, Daniel Huet, ancien évêque d'Avranches, qui s'était démis de son siége et habitait alors l'abbaye de Fontenay, se rendit en pèlerinage à la Délivrande pour faire hommage à la sainte Vierge d'une hymne latine qu'il avait composée en son honneur. C'est le *Diva servatrix,* que les processions, depuis ce temps, ont coutume de chanter en entrant dans le bourg de la Délivrande. L'illustre prélat fit graver cette ode religieuse sur une plaque de marbre (1), que l'on voit encore encadrée dans le lambris de l'église, et sur laquelle on peut lire cette inscription :

HOC DEVOTI SUI ERGA SACRATISSIMAM VIRGINEM

CULTUS MONUMENTUM APPENDEBAT

PETRUS DANIEL HUETIUS, EPISCOPUS ABRINCENSIS,

ADJUNGENTE SUA VOTA

VENERABILI CAPITULO INSIGNIS ECCLESIÆ BAJOCENSIS.

ANN. M.DCCXIV.

(1) « Ce marbre fut offert par Pierre-Daniel Huet, évêque d'Avranches, comme un monument de sa dévotion envers la très-sainte Vierge ; le vénérable Chapitre de l'illustre église de Bayeux accompagnait l'offrande de ses vœux. » — Nous avons trouvé dans les manuscrits de M. Huet un distique latin qu'il avait composé pour être inscrit sur le portail de la Chapelle, au-dessous de la statue qui le couronne. Nous ignorons pourquoi cette inscription n'y fut pas gravée ; mais nous pensons devoir la recueillir comme un nouvel hommage du pieux auteur envers N.-D. de la Délivrande.

Hæc tibi dono tuæ supplex simulacra figuræ,
  Virgo ; tuâ donum specie an præstantius ullum est ?

« Pour offrande, ô Marie, je vous présente votre image ; peut-il être offrande plus digne de vous ? »

2 *

« Le 10 décembre 1729, dit un écrivain de l'époque cité par M. Pillet, Paul d'Albert de Luynes allant prendre possession de l'évêché de Bayeux, arriva sur les huit heures du matin à N.-D. de la Délivrande. Plusieurs gentilshommes voisins de l'abbaye de Cérisy étaient venus jusque-là au-devant de Sa Grandeur, et soixante hommes choisis parmi les habitants de Douvres et ceux du bourg de la Délivrande l'y attendaient sous les armes. Le seigneur évêque descendit à la porte de la Chapelle où il fut reçu par le clergé, à la tête duquel était M. de Graville et M. Huet, chanoines députés du Chapitre de Bayeux. Sa prière achevée, il fut revêtu des ornements sacerdotaux, entonna le *Veni, Creator,* et dit une messe basse, après laquelle on chanta le *Te Deum.* Ensuite, accompagné de MM. les députés du Chapitre, du clergé et de la noblesse, il entra dans le séminaire pour y prendre quelques rafraîchissements, et partit pour Bayeux à deux heures et demie, suivi du même cortége, que précédait la maréchaussée. »

Le 12 août 1743, la duchesse de Chevreuse,

nièce de Mgr de Luynes, fit présent à N.-D. de la Délivrande d'une belle lampe d'argent, pour remercier la sainte Vierge de la convalescence d'une cruelle maladie qu'elle avait eue. Le seigneur évêque fonda une rente de 50 livres pour l'entretien de cette lampe (1).

La reine Marie-Antoinette, à la naissance d'un de ses enfants, dauphin de France (2), donna à la Chapelle de la Délivrande une lampe d'argent du prix de 8,500 livres, ainsi qu'une robe brochée d'or pour la statue révérée. Les armes d'Autriche, que l'on voit encore aujourd'hui sculptées en relief sur le principal pendentif de la voûte du chœur, rappellent sans doute cette offrande.

C'est ainsi qu'en 1820 la duchesse de Berry, étant accouchée d'un fils, le duc de Bordeaux,

(1) *Manuscrit cité par M. Pillet.*

(2) Était-ce le dauphin Louis-Xavier, né en 1781 et mort en 1789, ou bien le jeune Louis, duc de Normandie, connu sous le nom de Louis XVII, qui naquit le 27 mars 1785, reçut le titre de dauphin après la mort de son frère et mourut, comme on sait, dans la prison du Temple ? Nous manquons de renseignements pour éclaircir cette difficulté.

fit suspendre dans le sanctuaire de Marie, comme hommage de sa reconnaissance, un magnifique bouquet de fleurs artificielles, préparé de ses propres mains et richement encadré.

Les protestants avaient pillé les richesses de l'église de la Délivrande: les hommes de 93 les imitèrent (1). Ils ne respectèrent pas même l'antique statue que l'on honore dans ce temple. Elle fut enlevée au milieu du deuil de tous les habitants et transportée au district de Caen, où elle fut retenue pendant toute la révolution. Mais Dieu permit que la précieuse image ne reçût aucune atteinte; et, lorsque les églises furent rendues au culte (1802), elle revint habiter le sanctuaire qui, avec elle, avait perdu toute sa gloire, et remplir de bonheur et de joie le peuple qu'elle protége depuis tant de siècles. On se rappelle encore avec émotion quels transports d'allégresse firent éclater les habitants du bourg, quand fut

---

(1) Les anciens qui furent témoins de cette seconde dévastation racontent qu'il fut alors enlevé de la Chapelle plus de 300 livres pesant d'argent.

enfin rendu à leur confiance ce gage antique de la protection de Marie. La Chapelle, constamment fermée depuis l'enlèvement de la statue, n'avait éprouvé aucune dégradation importante. On se hâta de relever la grille principale qui avait été renversée; on répara les légères mutilations qu'avaient subies les autels ; et bientôt le temple de Marie, paré de nouveaux ornements, revit se presser en foule, dans son enceinte, les pieux pèlerins, dont la dévotion avait été si longtemps et si cruellement comprimée par les fureurs révolutionnaires.

Après sa réouverture en 1802, l'administration de la Chapelle fut confiée à plusieurs chapelains par Mgr l'évêque de Bayeux, qui en est, depuis cette époque, le supérieur immédiat. Au mois de mai 1823, Mgr Brault établit à la Délivrande la Congrégation des missionnaires ou prêtres auxiliaires du diocèse. Ce sont eux qui dirigent aujourd'hui les exercices du pèlerinage ; et ils ne s'éloignent du sanctuaire de Marie que pour aller répandre la parole du salut dans les diverses paroisses où ils sont appelés.

La statue qui couronne le portail latéral avait été abattue et brisée pendant ces jours de deuil. Depuis longtemps les bons chrétiens gémissaient qu'on n'eût point encore effacé ce triste souvenir du règne de l'impiété. Enfin, le 8 septembre 1823, tous les fidèles des environs se réunirent aux habitants de la Délivrande pour réparer par une protestation publique l'indigne outrage fait à Marie. La foule était si grande qu'on fut contraint d'élever un reposoir sur la place publique pour le salut du saint Sacrement. Les rues furent jonchées de fleurs, les maisons décorées ; des arcs de triomphe s'élevèrent sur le chemin que la procession devait parcourir ; et la nouvelle statue, portée en triomphe au milieu de l'enthousiasme général, accueillie de toutes parts par des cris de joie et d'amour, reparut enfin sur le faîte du temple, comme pour veiller du haut de son trône à la garde du bourg qui lui est si dévoué.

La fête de la Nativité de la sainte Vierge fut célébrée en 1834 avec une pompe inaccoutumée. Une foule plus nombreuse se pressait dans les rues, une joie plus vive faisait battre tous les cœurs. C'était en effet un grand événement pour le bourg de la Délivrande. Mgr de Quélen, ce noble archevêque dont la mort a couvert de deuil l'Église de France, venait se prosterner pour la première fois devant la statue de Marie, et déposer aux pieds de la *Vierge fidèle* ses peines, ses vœux, ses espérances. L'illustre prélat, accompagné de Mgr l'évêque de Bayeux, parcourut une partie du bourg pour répandre ses bénédictions sur la foule immense qui se pressait autour de lui. Il célébra l'office pontificalement; et le soir, cette voix puissante, dont la France entière recueillait alors les accents avec tant de respect et d'avidité, se fit entendre à d'humbles fidèles pour éclairer leur foi et ranimer leur confiance en la protection de Marie. — Mgr de Quélen renouvela plusieurs fois ce pèlerinage, qu'il avait résolu de faire chaque année. Celui de 1838 offre quelques circonstances que nous avons dû recueillir, parce qu'elles peuvent intéresser la piété de nos lecteurs.

Le 7 septembre, Mgr de Quélen, accompagné de Mgr Robin, évêque de Bayeux, se rendit en pèlerinage au bourg de la Délivrande, pour l'accomplissement d'un vœu qu'il avait formé trois ans auparavant dans la Chapelle de la sainte Vierge, à l'effet d'obtenir une grâce particulière qu'il sollicitait depuis vingt ans, et que Dieu enfin avait daigné lui accorder.

L'arrivée du prélat avait été précédée de l'envoi d'une statue qu'il avait fait exécuter, comme un hommage de sa vive et profonde reconnaissance envers Marie, et dans le dessein de la déposer au monastère de N.-D. de la Charité, où la très-sainte Vierge est particulièrement honorée sous le titre de Vierge fidèle (1).

Le samedi, 8 septembre, fête de la Nativité, cette statue fut portée avec une grande pompe par les orphelines de Marie, de la maison des Missionnaires à la Chapelle du pèlerinage, où

______

(1) Cette statue, de trois pieds et demi de hauteur, est en bronze. La tête de la Vierge est surmontée d'une couronne dorée, ses pieds s'appuient sur un globe de même métal, et écrasent le serpent. Ce globe est porté sur un nuage également en bronze. Sur le devant du globe, on lit en lettres majuscules, brillantes et dorées :

elle fut bénite solennellement par Mgr l'archevêque de Paris.

La translation au monastère de N.-D. de la Charité, qui se fit le lendemain, fut un véritable triomphe pour la Mère de Dieu. Cette touchante et noble cérémonie, présidée par les deux prélats, et à laquelle assistait un clergé nombreux, avait attiré une foule immense qui se pressait autour de la statue, et répétait avec enthousiasme l'invocation à la Vierge fidèle : *Virgo fidelis , ora pro nobis!*

L'inauguration se fit dans l'intérieur du cloître, où la statue fut placée sur une colonne , dont les

VIRGO FIDELIS.

Et plus bas, en lettres gravées :

« CONGRATULAMINI MIHI : INVENI OVEM MEAM QUÆ PERIERAT. — 17 MAII 1838. »

Au côté opposé du globe est cette inscription :

« *Ex voto Hyacinthi-Ludovici de Quelen, Archi-Episcopi Parisiensis, pro salute æterna principis de Talleyrand ad reconciliationem ritè admissi , ac perseverantibus pœnitentiæ signis defuncti. — 17 maii 1838.*

inscriptions rappellent les faveurs spéciales que Marie a répandues sur cette communauté.

Quoique l'histoire du pèlerinage de la Délivrande offre un grand nombre de lacunes que nous n'avons pu remplir, quelque incomplète que doive paraître cette courte Notice, il suffira cependant de jeter un coup d'œil sur les faits qu'elle renferme pour reconnaître la protection spéciale dont Dieu s'est plu à environner le sanctuaire de Marie depuis sa première fondation. Détruite par les peuples du Nord, la Chapelle ne tarda pas à être relevée par la piété des fidèles, et la sainte image se retrouve intacte sous les ruines. Plus tard, les protestants dépouillent ce temple révéré, brisent les autels, détruisent les tableaux, tous les objets du culte sont livrés aux flammes ; un seul a trouvé grâce devant la fureur de ces nouveaux inconoclastes, la statue de Marie. Enfin, le flot de la révolution, qui a profané, renversé tant de monuments religieux, a respecté aussi l'image miraculeuse. Tous ces faits ne prouvent-ils pas suffisamment que Dieu protége entre toutes les autres la Chapelle de la Délivrande, et qu'il aime à y répandre ses grâces les plus précieuses ?

Nous avons pensé néanmoins qu'il ne serait pas inutile, pour édifier la piété des fidèles, de rapporter quelques faveurs plus éclatantes obtenues par l'intercession de notre auguste Patronne.

CHAPITRE II.

TÉMOIGNAGES DE LA PUISSANTE PROTECTION

DE NOTRE-DAME

DE LA DÉLIVRANDE.

Si nous écrivions pour les esprits incrédules de notre siècle, nous ne devrions pas, sans doute, leur parler de faits miraculeux, sans nous efforcer auparavant d'établir par des preuves incontestables le pouvoir souverain du maître de la nature, qui peut, quand il lui plaît, suspendre les lois qu'il a établies, interrompre le cours des événements physiques, dont il est l'auteur, et modifier l'ordre émané de son autorité suprême. Mais ce petit ouvrage s'adresse principalement aux âmes pieuses et fidèles, et nous avons confiance qu'elles s'empresseront de reconnaître et d'admirer les effets de la toute-puissance divine, plutôt que de révoquer en doute, par une présomption inconsidérée, des faits appuyés sur des témoignages irrécusables.

Sans doute aussi, nous nous empressons de l'avouer, et la vérité le demande, les grâces merveilleuses obtenues à la Délivrande par la protection de Marie ne sont point toutes du même ordre; et, parmi tant de faveurs, les lois de la nature ne sont pas toujours également suspendues. Mais d'abord, lorsque l'âme, ivre de joie et de bonheur de voir sa prière exaucée, tressaille en saints transports d'amour, pourquoi venir comprimer cet élan du cœur, et glacer dans sa source le sentiment de la reconnaissance, en l'obligeant à supputer froidement le bienfait? Si, d'ailleurs, certains faits nous semblent moins surprenants, devons-nous, pour cela, méconnaître le doigt de Dieu partout où il en a marqué l'inimitable empreinte?

« Entre autres lieux sacrés et dédiés à la Vierge, écrivait Fossard en 1642, la Chapelle de la Délivrande est l'une où Dieu a fait voir un nombre infini de ses merveilles. Mais les livres de ces miracles, les mémoires et renseignements conservés en ladite Chapelle, furent perdus par l'injure du siècle passé, auquel l'enfer fit renaître les brise-images, en l'an 1552 ; lesquels ont profané, ruiné et brûlé les églises, et singulièrement en ce pays du Bessin, qui fut infecté de cette contagion, et fut si emporté de furie qu'il n'y a églises ni chapelles qui ne portent les marques de ces furieux ravages..... A présent que la tempête est passée, le peuple catholique a recommencé de visiter cette sainte Chapelle de la Délivrande. Dieu, de sa part, pour y manifester sa gloire aux mortels, y a fait apparaître, depuis peu de temps, plusieurs miracles. Plusieurs, qui ont reçu en ce lieu sacré les effets de leurs espérances et prières, ont décoré ladite Chapelle de peintures, ornements et tableaux, pour être autant de remercîments à la Vierge Marie qui a exaucé leurs prières. »

« Depuis que la Chapelle a été reconstruite, écrivait la Mère de Blemur, quelques années plus tard, il a plu à Dieu d'y faire un très-grand nombre de miracles en faveur des personnes qui ont de la confiance au pouvoir de la divine Marie. Son sanctuaire est rempli des vœux de ceux qui ont obtenu des grâces par son entremise (1). »

« Avant la révolution, en effet, dit l'abbé Delarue, l'église de la Délivrande était ornée de tableaux et de monuments qui attestaient la sainteté du lieu et la puissante protection de la Vierge qu'on y révère (2). » Mais les impies de 1793 ont complété l'œuvre de dévastation commencée par les hérétiques du XVIᵉ siècle. Tous les tableaux, toutes les offrandes, monuments de la reconnaissance des pèlerins, ont été détruits, ainsi que les titres et les registres qui devaient transmettre à la postérité les témoignages de la protection de Marie. Il ne reste plus de cette époque que quelques *ex-voto*, dont l'origine et la destination ne sont point attestées par des titres authentiques. Nous ne pourrions donc citer aucun événement antérieur à ce siècle, si nous ne trouvions plu-

____

(1) *La Triple couronne de la mère de Dieu*, t. 1. p. 441.
(2) *Essais historiques...* tome 2, page 362.

sieurs faits intéressants dans un ouvrage de controverse, publié, en 1548, par un chanoine de Bayeux (1), et dans *l'Ancienne fondation..... du religieux Fossard.* En supposant même que le témoignage de ces deux écrivains ne fût pas à l'abri de toute critique, nous croirions encore devoir signaler les faits miraculeux qu'ils racontent, pour montrer du moins quel respect et quelle confiance inspirait le pèlerinage de la Délivrande, au temps où ils ont écrit.

Antoine Solier, répondant à Érasme, qui avait attaqué, dans ses écrits, le dogme de l'invocation des saints, démontre d'abord la doctrine catholique par les preuves de l'Écriture et de la tradition ; puis, il objecte à son adversaire plusieurs faits merveilleux, qu'il ne craint pas d'appeler des *miracles,* arrivés, depuis un petit nombre d'années, par la protection de la sainte Vierge et des saints. Il nous semble que le pieux écrivain se fût abstenu d'employer comme moyen de ré-

(1) *Opusculum de veneratione et invocatione Sanctorum, ab Antonio Solerio. Anno* 1548, pag. 94 et seq.

futation des faits qu'il suppose publics, arrivés récemment, dans un lieu où se trouvaient des protestants, s'il leur eût été possible d'en contester l'exactitude.

Voici les deux miracles qui concernent la Chapelle de la Délivrande : nous ne faisons que traduire la narration de Solier, dont nous abrégeons toutefois les détails un peu trop diffus.

« Un marchand de Normandie, pris sur mer par les Sarrasins, gémissait, chargé de chaînes, dans un dur esclavage, ayant perdu toute espérance de revoir sa patrie. Abandonné des hommes, il eut recours à la mère des miséricordes, et lui adressa, d'une voix suppliante, cette humble prière : « Vierge protectrice, qui n'avez reçu « de Dieu tant de grâces que pour les répandre « sur ceux qui vous prient, plein de confiance « en votre bonté, et tout indigne que je suis « d'attirer vos regards, j'ai recours à vous, ô « Marie ! daignez briser les chaînes de mon es- « clavage ; daignez rendre à sa patrie un malheu- « reux exilé. Si j'obtiens de vous une faveur tant « désirée, je vous promets, aussitôt que je serai

« sorti de cette dure prison, d'aller visiter le
« temple que l'on vous a consacré sur le territoire
« de Bayeux, dans un lieu appelé vulgairement
« la Délivrande, temple célèbre où les chrétiens
« accourent de toutes parts pour recueillir les
« grâces que vous y répandez avec abondance (1).
« Là, je me prosternerai avec amour devant
« votre sainte image, pour vous exprimer ma
« vive reconnaissance, et je ne cesserai de pu-
« blier à votre gloire la faveur signalée dont je
« vous serai redevable. » Après avoir fait cette
prière, il s'endormit, entouré des gardiens de la
prison. C'était au milieu d'une nuit orageuse.
Tous étaient plongés dans un profond sommeil,
lorsque subitement le captif est réveillé par le
bruit qu'ont fait ses fers en se brisant ; seul, il
s'est aperçu du prodige. Alors se voyant libre, il
trompe la vigilance des gardes et prend la fuite.

(1) Famigeratum illud templum in agro Bajocensi tuæ
majestati dedicatum, eo in loco qui vulgariter ab indige-
nis *Livrandia* dicitur, in quo Christicolis illùc undiquè
confluentibus, et opem tuam confidenter implorantibus,
tuæ liberalitatis libenter aperis manum, quàm prius revi-
sam, ...

Cependant, il n'avait pas entièrement recouvré l'usage de ses membres ; son cou était encore entouré du lourd carcan auquel la chaîne avait été attachée. Nul effort humain n'avait pu l'en délivrer. Malgré cette entrave, il se rendit avec empressement à la Chapelle de la Vierge, lui exprima d'abord sa vive reconnaissance; puis, prosterné devant l'image de Marie, il la conjura avec larmes de couronner son bienfait en le délivrant du poids importun dont il était encore accablé. A peine eut-il terminé sa prière, que le carcan, s'ouvrant avec bruit, se détacha de son cou et lui rendit une entière liberté. Le pieux pèlerin, après avoir remercié de nouveau sa libératrice, se hâta de publier toutes les grâces qu'il en avait reçues, et suspendit ses chaînes auprès de la statue de la Vierge, comme pour perpétuer la mémoire de sa délivrance. Il peut y avoir vingt-cinq ans, ajoute l'auteur, que cet événement s'est passé : tous les habitants du pays en ont conservé le souvenir (1). » — L'official de Caen fut chargé par

______

(1) Ce sont apparemment les chaînes de ce captif que

le Chapitre de Bayeux d'informer de ce miracle (1).

Autre fait. — « La Normandie était affligée d'une horrible disette. Un avare, au lieu de se rendre à l'église un jour de dimanche, s'en alla visiter ses greniers, pour avoir le plaisir de contempler ses immenses provisions. A peine eut-il ouvert la porte, qu'il aperçut une multitude de rats qui mangeaient le blé, et qui aussitôt, se précipitant sur lui, l'assaillirent de toutes parts. Le danger réveilla la foi du méchant; il eut recours à Notre-Dame de la Délivrande (2) et, sur-le-champ, toute la vermine qui le déchirait l'abandonna et disparut. Alors il fit vœu d'aller tous les dimanches à la Délivrande, et d'y faire célébrer la sainte messe en actions de grâces de sa délivrance. Il fut fidèle à cet engagement tant qu'il vécut, et obligea ses héritiers à continuer la

l'on voit encore, dans la Chapelle, suspendues à la voûte du chœur, au-dessus de l'image miraculeuse.

(1) *Arch. de l'Év.* 7 février 1526.

(2) Hic tunc miser, omni humanâ destitutus ope, statim clamavit : Sancta Maria de Livrandiâ, opitulare mihi..... Pag. 96.

même dévotion après sa mort : ce qu'ils ont constamment observé jusqu'à ce jour, remarque notre écrivain, comme je l'ai appris moi-même des prêtres de la sainte Chapelle. »

L'auteur de *l'Ancienne fondation* rapporte aussi, dans son langage simple et naïf, quelques faits merveilleux, dont les témoignages existaient encore au moment où il écrivait, et dont par conséquent il avait pu vérifier l'exactitude. Nous ne pensons pas devoir les passer sous silence.

« Les paroles manqueraient à mes conceptions, dit Fossard, et mes conceptions à la grandeur du sujet, si j'entreprenais de rapporter la multitude de bienfaits incompréhensibles que la bonté et puissance divine, ouvrière de toutes les merveilles du monde, a fait apparaître de toute antiquité ès maisons sacrées de la Vierge, et, depuis plus de 700 ans, en la Chapelle de la Délivrande. Le nombre de ces bénéfices en la cure des malades est plus grand que la mémoire des hommes n'en peut conserver.

« Il y a deux tableaux attachés contre la muraille de la Chapelle qui contiennent l'histoire de trois personnes malades guéries miraculeusement par l'intercession de la Vierge. Le premier est dans la nef, qui porte à la postérité la cure miraculeuse tant d'un gentilhomme que de la demoiselle sa fille. Le second tableau est au chœur de la Chapelle, après l'image de la Vierge, et représente le portrait d'un jeune enfant, âgé de treize ans, fils d'un marchand de Caen, nommé Abel Caval, lequel fut guéri le 17 de septembre 1623, en ladite Chapelle, tout en un instant ; l'enfant était perclus de ses membres, ce qui le rendait si impotent qu'il ne pouvait marcher. Les prières de ses père et mère parachevées dans ladite Chapelle, l'enfant marcha d'un pas assuré, sans l'aide de personne et retourna à l'hôtellerie, d'où il avait été apporté le matin entre les bras de son père, n'ayant pu marcher ni se tenir debout depuis le temps de quatre ans et demi. » — Des commissaires furent envoyés par le Chapitre pour informer de cet événement miraculeux (1).

« Un paralytique de Sémilly, en Cotentin, fut

____

(1) *Archives de l'Évêché.* — 25 septembre 1622.

guéri en ladite Chapelle. » L'information en fut faite également à la diligence de Messieurs du Chapitre de Bayeux.

« Raoul Adeline, de la paroisse de Saint-Sauveur en la ville de Caen, reçut derechef le don de parler en ladite Chapelle le vendredi, deuxième jour d'août 1624, lorsqu'on élevait le corps de Notre-Seigneur. Or, il avait perdu la parole le dimanche précédent, après avoir blasphémé le saint nom de Dieu par plusieurs reprises. »

Le bon religieux raconte aussi les faits que contient le livre d'Antoine Solier, et termine son récit par cette réflexion : « Je ne touche point plusieurs autres et divers miracles que Dieu a faits depuis peu de temps, par les mérites de la Vierge, à ceux qui ont fait vœu de visiter ce lieu saint; car cela excéderait les bornes que je me suis proposées dès le commencement. Je me contente seulement, pour être irréprochable, de choisir les merveilles les plus notoires, déjà auparavant écrites par la plume et le pinceau des livres, tableaux et informations. »

Là se termine l'ouvrage de Fossard. On y a in-

séré postérieurement, en 1701, le récit d'un nouveau miracle arrivé, l'année précédente, en faveur de Charles Féret, capitaine de vaisseau au
Havre, « lequel, suivant l'historien, fut converti
à la religion catholique avec deux de ses frères,
après avoir été préservé d'un naufrage évident en
revenant de Lisbonne, le 12 février 1700. Ils ont
donné un tableau qui est attaché au haut de la
porte de la sainte Chapelle. »

Enfin, l'éditeur de l'*Ancienne fondation* consacre un *post-scriptum* au récit d'une faveur merveilleuse obtenue par plusieurs marins, qui arri-
vaient à la Délivrande pour rendre grâces à leur
libératrice au moment où s'achevait l'impression
de son livre (1642). « Ils ont attesté, dit-il, que
le vendredi, 11 juillet 1642, ayant été pris par
les Turcs et enchaînés au fond d'un navire l'espace de trois jours, ils furent délivrés miraculeusement par la grâce de Dieu et par l'intercession
de N.-D. de la Délivrande. En témoignage de quoi,
ils sont venus audit lieu rendre grâces à Dieu et
à la sainte Vierge, et ont apporté les chaînes
dont ils étaient enchaînés, et ont signé ladite

attestation et mise aux mains du chapelain de cette Chapelle. »

Nous avons dû recueillir ces faits anciens, moins, il est vrai, comme des événements incontestables, dont l'existence et la nature ne puissent être révoquées en doute, que comme des témoignages de la confiance particulière qu'a toujours inspirée la puissante protection de N.-D. de la Délivrande. La révolution, comme nous l'avons dit, ayant détruit ou dispersé tous les titres qui étaient conservés dans les archives de la Chapelle, nous sommes dépourvus des preuves authentiques que l'on doit toujours produire à l'appui des faits miraculeux. Nous ferions d'ailleurs d'inutiles efforts pour démontrer, par un enchaînement de faveurs non interrompues, que Marie n'a jamais cessé de manifester ses miséricordes et sa puissance dans son sanctuaire privilégié. Les grâces insignes dont on a gardé le souvenir sont trop peu nombreuses; trop de lacunes existent entre les faits qui nous ont été transmis. Mais, au reste, le grand nombre d'informations ordonnées par le Chapitre de Bayeux indiquent assez que des miracles s'opéraient fréquemment dans la Chapelle de la sainte Vierge. Pendant l'espace de cinquante ans, depuis 1619 à 1672, nous voyons des commissaires envoyés à la Délivrande pour informer des faits miraculeux, à quatorze reprises différentes, dont la date est indiquée dans les archives de l'évêché; et il est probable que toutes les informations de ce genre n'ont pas été consignées (1).

Ne sommes-nous donc pas en droit de penser que Marie a toujours environné d'une protection spéciale les pieux fidèles qui vont se prosterner devant son antique image, et que c'est particu-

(1) Commissaires députés à la Délivrande par le Chapitre : — 12 février 1619, pour faire informer par l'official de Bayeux d'une femme possédée. — 25 septembre 1623, pour un jeune garçon qui ne pouvait marcher que sur ses genoux (voyez page 82). — 20 juillet 1629. — 4 septembre 1630. — 1630, pour une femme de Vaucelles de Caen, qui a recouvré la parole. — 19 novembre 1633. — 24 mai 1641. — 23 juin 1645, pour un garçon de St-Ouen, faubourg de Bayeux, qui a recouvré la vue. — 6 juin 1646. — 7 juin 1649. — 30 juin 1651. — 30 juin 1659. — 10 novembre 1662, pour un homme de Vieux-Pont qui a recouvré la parole. — 25 juin 1672, pour une fille de Caen.

lièrement dans le sanctuaire de la Délivrande qu'elle aime à être invoquée par ses enfants comme le *salut des infirmes,* le *refuge des pécheurs* et la *consolatrice des affligés ?*

Nous allons maintenant parler des grâces nombreuses obtenues depuis le commencement de ce siècle par l'invocation de notre auguste patronne. Les titres nous manqueraient encore, si nous voulions remonter à une époque éloignée ; car on a négligé longtemps de les recueillir. En 1818, cependant, deux informations furent ordonnées par Mgr Brault, évêque de Bayeux, à l'occasion de faveurs extraordinaires obtenues, les 4 et 5 juillet, dans le sanctuaire de la Délivrande. Nous suivrons, pour les détails, les rapports officiels qui furent adressés à Sa Grandeur. Enfin, depuis 1823, les prêtres de la Chapelle ont pris soin de consigner dans un registre spécial les faits miraculeux confirmés par des témoignages authentiques. Il nous suffira de transcrire quelques extraits de ce précieux recueil, qui contient d'ailleurs toutes les pièces, attestations, témoignages, certificats, procès-verbaux à l'appui des faits relatés.

4 juillet 1818 (*Extrait du rapport de M. Chéruet, curé d'Hérouville-St.-Clair, 17 juillet 1818*). — Adélaïde Pelfresne, de la paroisse d'Hérouville, était atteinte d'une maladie violente qui l'a retenait au lit depuis huit ans, et avait résisté à tous les secours de la médecine. En 1810, une révolution subite s'étant opérée dans ses humeurs, elles avaient envahi la tête, suspendu le mouvement des nerfs, tuméfié les articulations; ses jambes surtout étaient douloureuses et frappées d'immobilité. La malade, d'ailleurs, était en proie à une fièvre continue, qui minait peu à peu ses forces. Ne pouvant plus rien attendre des remèdes humains, Adélaïde mit toute sa confiance en la sainte Vierge et résolut d'entreprendre le pèlerinage de la Délivrande. Ce projet fut mis à exécution le samedi, 4 juillet 1818. Dix-huit filles de ses amies et d'autres personnes pieuses accompagnaient la malade; toutes s'étaient préparées au saint voyage par des prières et des œuvres de piété. Arrivée à la porte

de la Chapelle , Adélaïde est descendue de sa monture et se traîne à grand'peine sur ses béquilles jusqu'aux pieds de la statue, où elle s'assied sur une chaise pour entendre la sainte Messe. Au moment de l'élévation , elle essaie de se soulever par respect, en s'appuyant sur ses béquilles. La malade était encore dans cette attitude au moment de la communion du prêtre , lorsque, tout à coup, elle éprouve un frisson rapide, auquel succède un mouvement de chaleur qui se porte du centre aux extrémités. Alors , Adélaïde abandonne ses béquilles , et tombe, comme malgré elle, sur les genoux. Ses compagnes accourent aussitôt pour la relever, la croyant évanouie. *Laissez-moi*, leur dit-elle, *je suis guérie.* En même temps, elle se relève toute seule et marche d'un pas ferme vers la Table sainte, d'où elle revient sans aucun appui. A ce spectacle, tout le monde est saisi d'étonnement et d'admiration ; des larmes coulent de tous les yeux ; la foule ne peut comprimer l'expression de sa reconnaissance. Adélaïde, après son action de grâces, attache elle-même ses béquilles aux pieds de la statue, sort de la Chapelle, traverse la place pour aller à l'auberge, et franchit même sans fatigue les degrés du premier étage, pour se rendre dans l'appartement où ses compagnes s'étaient réunies... Depuis ce temps, ajoute M. le curé, Adélaïde Pelfresne va toujours de mieux en mieux ; elle peut se promener tous les jours sans avoir besoin d'appui, le pouls a repris de la force, les muscles se sont raffermis, et les articulations auront bientôt recouvré leur première souplesse.

« Tels sont, Monseigneur, les détails sévèrement exacts du fait extraordinaire sur lequel vous m'avez chargé de vous adresser un rapport. Il me semble que tout peut se résumer dans les circonstances suivantes : En quel état déplorable se trouvait Adélaïde Pelfresne le 4 juillet, jour de son pèlerinage ? Tous les habitants d'Hérouville l'avaient vu par eux-mêmes et pourraient l'attester. — Quel changement merveilleux s'est opéré subitement en faveur de la malade dans la Chapelle de la sainte Vierge ? J'en ai été moi-même témoin, ainsi que soixante personnes de ma paroisse qui m'avaient suivi à la Délivrande. —

Enfin quels ont été les effets de cette grâce insigne obtenue par la confiance d'Adélaïde ? Nous les admirons depuis quinze jours, et tout porte à croire qu'ils seront aussi durables qu'ils paraissent extraordinaires ? »

Le rapport de M. le curé d'Hérouville fut lu, par ordre de Monseigneur, en son conseil du 7 août 1818.

5 juillet 1818 (*Extrait du rapport de M. Beausire, curé de Notre-Dame de Caen, 30 septembre 1818*). — Marie-Anne Lorieux, âgée de 48 ans, quitta Condé-sur-Noireau au commencement de la révolution, et vint demeurer à Caen pour se mettre à l'abri des mauvais traitements qu'elle avait à souffrir de la part des partisans du schisme. Depuis ce temps, la pieuse fille s'employait tout entière à l'éducation de pauvres orphelines qu'elle recueillait chez elle, les formant surtout à la prière et au travail. Quelques mois après son arrivée à Caen, elle avait été atteinte d'une névralgie aiguë qui lui ôtait l'usage de ses jambes et le sommeil. Elle ne pouvait plus marcher sans le secours d'un bras et d'une béquille,

quelquefois même sans ce double appui. L'hiver dernier, elle avait éprouvé des accidents plus graves, qui lui avaient empêché, durant trois mois, de se livrer à ses occupations habituelles. La malade, pleine de foi et de résignation, se soumettait sans peine à la volonté de Dieu ; elle n'osait même lui demander sa guérison, mais seulement assez de force pour pouvoir gagner sa vie. Le dimanche, 5 juillet 1818, Marie-Anne Loricux se fit porter à la Délivrande, y entendit la Messe et reçut la communion. Pendant le saint Sacrifice, elle éprouva un malaise général : puis, après avoir fait son action de grâces, elle prit le bras de sa compagne pour sortir de la Chapelle. Comme elle franchissait le seuil, elle sentit tout à coup que ses mouvements étaient libres, et dit à tous ceux qui l'entouraient qu'elle était guérie et qu'elle marcherait bien seule, ce qu'elle fit en effet en se rendant à l'auberge. Après le déjeuner, elle rentra à la Chapelle pour remercier la sainte Vierge de la grâce qu'elle en avait reçue. Transportée, ce jour-là même, à Bernières, elle put assister à tout l'office paroissial, et se promener après les vêpres sans aucun appui. Le lendemain, elle revint à Caen et se rendit à pied depuis l'entrée de la ville à sa maison, marchant avec autant de facilité que la veille. « Depuis ce moment, dit M. le curé en terminant son rapport, la fille Lorieux n'éprouve plus aucune gêne dans ses mouvements ; elle marche très-facilement et a recouvré le sommeil, dont la maladie l'avait entièrement privée. »

Les faits qui suivent sont consignés dans les archives de la Chapelle.

Novembre 1822. — « Marie Duchemin, de Vire, âgée de vingt-trois ans, était attaquée depuis 1817, d'une hydropisie, qui, loin de céder aux efforts de l'art, faisait chaque jour des progrès lents, mais continuels. Depuis deux ans, obligée de garder constamment le lit, elle était en proie à des souffrances très-aiguës. Dans cet affreux état, la mort était le seul objet de ses désirs, lorsqu'un espoir plus chrétien vint la ranimer. Souvent déjà, la malade avait eu la pensée de faire le pèlerinage de la Délivrande ; ce fut enfin pour elle une résolution arrêtée, dont rien ne put la détourner : elle l'exécuta au mois de novembre 1822. Plusieurs fois, pendant le voyage, elle se trouva si mal, qu'on croyait à tout instant qu'elle allait expirer. On la descendit de voiture presque mourante. Portée à la Chapelle, elle se sent beaucoup mieux ; elle entend la Messe, fait la sainte communion, sans presque aucune douleur. Le mal disparut ensuite avec tant de rapidité que, de retour à Vire, elle put marcher seule, prendre des aliments solides et se livrer à ses occupations habituelles. Pas une personne de la ville qui, en voyant un changement si subit, n'ait crié hautement au miracle. — Le docteur-médecin qui avait soigné la malade, et le vénérable ecclésiastique qui l'avait assistée, ont certifié, par écrit, qu'ils étaient persuadés qu'une aussi prompte guérison n'avait pu être opérée par des moyens naturels. »

5 juin 1825. — « Depuis quatre ans, Charles Maraine, de la paroisse d'Ecorcey (département de l'Orne), était atteint d'une aliénation mentale très-prononcée. Retenu au lit pendant tout ce temps, il souffrait des douleurs cruelles, sans que

personne pût l'approcher. Parents, amis, son confesseur même, pour lequel il avait auparavant beaucoup d'attachement, lui étaient devenus odieux. Cependant, malgré son délire, il parlait souvent de Notre-Dame de la Délivrande ; c'était en effet par son secours qu'il devait recouvrer la santé. Plusieurs personnes firent le pèlerinage à cette intention, et communièrent dans la Chapelle de la sainte Vierge, le 5 juin 1825. Le même jour, à Ecorcey, Charles Maraine se levait sans le secours de personne, et sans ressentir aucune douleur. Depuis ce moment, pas le moindre signe d'aliénation, pas le plus léger symptôme de la maladie n'a reparu. » — Une lettre adressée par M. le curé de la paroisse aux chapelains de la Délivrande confirme ces détails.

3 avril 1826. — « Depuis le 4 août 1824, Mme la vicomtesse de Jumillac, née d'Osseville, par suite d'une émotion pénible éprouvée pendant sa première grossesse, se trouvait dans un état très-alarmant, et les crises périodiques, qui se renouvelaient sans cesse, avaient résisté au régime le plus sévère prescrit par les médecins de Paris et

de Caen. Tous les remèdes avaient été inutiles. Le mal devint si désespéré que la malade ne songea plus qu'à se préparer à la mort. Réduite à ce triste état, Mme de Jumillac conçut tout à coup l'espérance qu'elle serait guérie à la Délivrande le jour de l'Annonciation de la sainte Vierge, que l'on célébrait cette année le 3 avril, avec le secours des prières du prince de Hohenlohe. Elle écrivit au prince qui lui fit répondre que le 3 et le 12 avril, à neuf heures du matin, il prierait pour elle et conformément à son intention. Dans ses entrefaites, les vomissements et les spasmes firent désespérer à son père et à son mari qu'elle pût jamais entreprendre le voyage de la Délivrande. A toutes leurs difficultés la malade répondait avec courage : « Comme vous « voudrez ; mais souvenez-vous que vous me « mettez au tombeau, car jamais je ne guérirai « par le secours du médecin. Dieu seul peut « opérer cet effet par l'intercession de la très- « sainte Vierge. » — Un bulletin des médecins de Caen, du 12 mars, déclare que l'état de la malade était alors des plus alarmants. Les médecins de Paris, consultés par lettres à cette époque, exprimaient les mêmes craintes.

« Cependant, le 3 avril arrivé, Mme de Jumillac part pour la Délivrande avec une entière confiance. Le voyage lui parut très-pénible, quoiqu'elle fût couchée sur un matelas, dans une voiture très-douce. On la transporta dans la Chapelle, où elle s'assit pour la première fois depuis cinq mois.

« Quand la messe commença, dit la malade, que nous laisserons raconter elle-même les circonstances de sa guérison, je me sentis poussée par une force irrésistible à cesser toute prière et à répéter seulement avec le paralytique : *Seigneur, je veux être guérie.* Toute la messe se passa ainsi. Il me fut impossible de lire un seul instant dans mon livre. Je marchai sans souffrance pour aller à la sainte Table et revins de même. Je demeurai plus d'un quart d'heure à genoux pour mon action de grâces, au grand étonnement de mes parents. Leur surprise devint bien plus vive, lorsqu'ils me virent ensuite traverser sans fatigue la place qui conduit à l'auberge et manger avec eux de très-bon appétit. La journée fut très-bonne,

3*

et la nuit me procura un sommeil long et pai-
sible ; la fièvre avait disparu. Pendant les huit
jours de la neuvaine, je repris peu à peu mes
forces et mes habitudes. Cependant je n'étais pas
encore tout à fait guérie : je sentais toujours un
poids sur mes jambes. Mais, le dernier jour, en
montant en voiture pour retourner à la Délivrande, j'éprouvai subitement un si grand bien
intérieur que j'annonçai à mes parents la dispa-
rition complète de la maladie. Ce fut dans des
sentiments de reconnaissance et d'humilité que
je fis ce pèlerinage. — Une visite du docteur-
médecin qui me traitait confirma, peu de jours
après, ce que j'avais dit. Après un mur examen,
il déclara ne plus trouver de mal, et me dit:
« Vous êtes dans un état où je me serais cru bien
habile de vous placer dans deux ans. »

« Une foule nombreuse et tous les prêtres qui
desservent la Chapelle ont été témoins oculaires
de ce miracle. »

M. le comte d'Osseville n'avait pas d'abord entièrement partagé la vive confiance de sa fille. Trans-
porté de joie en la voyant guérie, il demanda à

la sainte Vierge ce qu'il pourrait faire pour reconnaître un bienfait si extraordinaire, et répéta plusieurs fois qu'il ne serait content que lorsqu'il aurait laissé à la Délivrande un monument de sa reconnaissance. Il ne prévoyait pas alors que, trois années plus tard, Dieu lui demanderait sa seconde fille pour fonder auprès de la Chapelle de Marie une communauté religieuse en faveur des pauvres orphelines. La foi du généreux père n'a reculé devant aucun sacrifice. Digne monument de la reconnaissance et de la charité chrétienne, cette pieuse maison, fondée sous les auspices de N.-D. de la Délivrande, prospère et s'accroît de jour en jour, bénie par les pauvres dont elle recueille les enfants et par les familles dont elle soulage les membres infirmes.

15 août 1832. — Nous avons à signaler une faveur plus merveilleuse encore que les précédentes, parce qu'elle a eu pour objet, non une seule personne, mais le bourg de la Délivrande tout entier. On se rappelle quels affreux ravages le *choléra-morbus* exerça en 1832, à Paris et dans plusieurs villes de la France. La Délivrande

fut frappée par le redoutable fléau et délivrée subitement lorsque les habitants eurent invoqué le secours de leur puissante patronne. Nous emprunterons les détails de ce touchant événement au rapport officiel qu'adressèrent à Mgr l'évêque de Bayeux M. le directeur de la Chapelle, et MM. les curés de Douvres et de Luc, rapport qui fut approuvé par le prélat et publié, par son ordre, dans tout le diocèse, le 6 octobre 1832.

« Le *choléra* s'était manifesté dans le bourg de la Délivrande le dimanche, 8 juillet 1832 ; et, quoique chaque jour il parût prendre de l'intensité, au 1er août il n'avait encore enlevé que quatorze habitants. Mais alors le fléau devint plus redoutable et les ravages plus effrayants. Tous les jours on comptait plusieurs morts et grand nombre de nouveaux cas : la terreur s'empara des habitants ; plusieurs prirent la fuite et se retirèrent dans les paroisses qui consentaient à les recevoir ; plusieurs autres, repoussés, s'établirent dans la campagne sous des tentes qu'ils y dressèrent : beaucoup de malades furent abandonnés par leurs plus proches parents, et l'on ne trouvait plus personne pour ensevelir les morts.

« Ce fut alors, Monseigneur, qu'instruit de la profonde affliction du bourg et du délaissement des malades, les religieuses du monastère des pauvres orphelines de Marie établi à la Délivrande sollicitèrent de Votre Grandeur une dispense momentanée de la clôture sévère qu'elles observent, pour aller au secours des femmes malades, sur lesquelles particulièrement l'épidémie exerçait sa fureur. Vous vous empressâtes, Monseigneur, de bénir leur généreuse résolution et de leur accorder, pour toute la durée du *choléra*, la permission qu'elles sollicitaient. On les vit aussitôt jour et nuit prodiguer à tous, mais principalement aux malades pauvres, les secours et les soins qui étaient en leur pouvoir, ensevelir les morts, et laisser partout sur leur passage des impressions religieuses d'admiration et de reconnaissance. Le Dieu qui assistait et soutenait leur courage les a gardées lui-même; le fléau qui faisait des ravages auprès de leur maison n'y a point pénétré.

« Cependant, Monseigneur, les habitants du

bourg, consternés, comprirent qu'ils n'avaient plus qu'un moyen de salut ; ils tournèrent leurs pensées et leurs cœurs vers la sainte Vierge, et demandèrent avec instance que l'on fît une procession solennelle dans laquelle on porterait la statue révérée de Marie. Nous eûmes l'honneur de présenter à Votre Grandeur leurs vœux souvent réitérés, et, le 14 août, vous ordonnâtes que la procession aurait lieu le lendemain, jour de l'Assomption, à cinq heures du soir, et que, pour la première fois, la statue vénérée de la sainte Vierge serait portée par les rues.

« Cette nouvelle ranima le courage des habitants et les remplit d'une douce espérance. Ils élevèrent aussitôt des reposoirs en différents lieux, pour y déposer l'image de leur *bonne Mère* (c'est ainsi qu'ils s'exprimaient). Le lendemain, ceux qui avaient pris la fuite, apprenant cette bonne nouvelle, rentrèrent dans leurs maisons, comme si le danger eût disparu. Les habitants de Douvres et de Luc, qui, depuis quinze jours, avaient cessé de venir à la Délivrande, s'y rendirent pour le moment de la procession qui, contre toute attente, se trouva très-nombreuse. Il y avait plus de mille hommes et des femmes à proportion. L'ordre le plus parfait, le recueillement le plus profond régnèrent pendant cette touchante cérémonie. Mais il serait difficile de dire l'effet extraordinaire et tout à fait religieux que produisit sur les fidèles la vue de cette image si révérée de Marie, qu'ils n'avaient jamais honorée que dans son temple, élevée sur un brancard magnifiquement orné et portée solennellement dans les rues du bourg. Des larmes coulaient de tous les yeux ; des soupirs, des sanglots, les supplications les plus touchantes se faisaient entendre autour d'elle : *Marie ! vous êtes notre mère et notre unique espérance ! — Bonne Mère, vous allez nous guérir !* Presque tous les malades s'étaient fait envelopper de couvertures et transporter à leurs portes, où on les voyait, les mains jointes, les yeux fixés sur l'image de Marie, répéter avec les fidèles qui passaient : *Salut des infirmes, priez pour nous !* — La foule était si considérable que l'on fut obligé de donner la bénédiction du saint Sacrement sur un reposoir élevé au haut de la place, qui se trouva couverte de fidèles à genoux.

« Leur confiance et leur piété touchèrent le cœur de Dieu, et la protection de la très-sainte Vierge n'a point été douteuse. La mort, depuis le 1er août, enlevait tous les jours plusieurs personnes, et sa fureur paraissait augmenter à chaque instant. Le 5 du mois, elle en avait frappé quatre. — Le 6, sept. — Le 7, quatre. — Le 8, trois. — Le 9, trois. — Le 10, un. — Le 11, cinq. — Le 12, six. — Le 13, six. — Le 14, quatre. — Le 15, encore quatre, et tous les jours on comptait cinq, six, sept ou huit nouveaux cas.

« La mort suspendit subitement ses coups : le 16, point de morts, point de nouveaux cas.

« Parmi le grand nombre de malades qui existait alors, et que l'on peut porter à cinquante environ, vingt étaient en danger, parmi lesquels neuf venaient de recevoir les derniers secours de la religion ; et plusieurs, de l'aveu même des médecins, ne permettaient plus de concevoir aucune espérance de guérison ; cependant, Monseigneur, pas un seul n'a succombé. Le lendemain, les médecins ont reconnu publiquement qu'il s'était opéré dans le physique comme dans le moral de leurs malades un changement extraordinaire et un mieux sensible. Tous ces malades ont commencé une convalescence si heureuse et si prompte, que nous avons eu la consolation de les voir en peu de jours venir aux pieds de la sainte Vierge, proclamer qu'ils lui devaient la vie, et lui témoigner toute leur reconnaissance.

« Transportés de joie et pénétrés de reconnaissance, les habitants de la Délivrande demandèrent avec instance qu'il leur fût permis de faire publiquement une neuvaine de prières en action de grâces, et qu'une fête solennelle fût célébrée en l'honneur de l'immaculée Conception de la sainte Vierge, qui avait particulièrement excité leur dévotion pendant les jours de leur affliction.

« Nous fûmes heureux, Monseigneur, de vous adresser cette nouvelle et consolante supplique, à laquelle Votre Grandeur accéda sur-le-champ, en ordonnant que la neuvaine de prières serait accompagnée tous les jours d'une instruction, vers le soir, et de la bénédiction du saint Ciboire.

« Cette neuvaine, Monseigneur, a été très-religieusement suivie, et vous avez mis le comble à notre bonheur, en venant, le dimanche 23 septembre, en faire la clôture, célébrer pontificalement, et présider à une procession solennelle d'actions de grâces.

« Les processions nombreuses de Luc et de Douvres qui se sont rendues à la Chapelle pour le moment du départ, la foule immense accourue de toutes les paroisses voisines, la sainte Communion distribuée à cinq cents fidèles, l'ordre qui a régné, l'esprit de foi et les sentiments de confiance en Marie, qui ont si sensiblement frappé Votre Grandeur, lui ont prouvé ce que toute la contrée pense du résultat de la procession du jour de l'Assomption, et combien il serait impossible à l'esprit de malice d'attaquer un fait que les hommes les moins religieux ont nommé hautement un *miracle*.

« Nous ne voulons point vous laisser ignorer, Monseigneur, combien tous nos fidèles, et en particulier les familles affligées, ont été touchés de la bonté toute paternelle qui a porté Votre

Grandeur à célébrer, le lendemain 24, un service solennel pour le repos des âmes de ceux qui avaient été victimes du *choléra*. Ces nouvelles marques d'intérêt et d'attachement ne peuvent que les affermir dans leurs bonnes dispositions, et ajouter aux sentiments de religion, de respect et d'amour dont Votre Grandeur s'est plus d'une fois félicitée de recevoir des preuves. »

Ce rapport fut envoyé par Mgr l'Evêque à M. Liégard, docteur-médecin, de Caen, qui avait été chargé par M. le préfet de donner des soins aux malades de la Délivrande. Nous trouvons dans la réponse de M. Liégard ces passages remarquables :

« Caen, le 5 octobre 1832. — Monseigneur, j'ai lu attentivement le rapport que vous m'avez fait l'honneur de me communiquer sur la cessation du *choléra* à la Délivrande ; il m'a paru très-exact et parfaitement conforme aux observations que j'ai été à même de faire pendant la durée de l'épidémie. — Dans un rapport que j'ai présenté dans le temps à la préfecture, j'avais cru devoir pareillement faire remarquer la cessation si extraordinaire de la maladie. — Quelle que soit l'explication que l'on adopte au sujet de l'influence exercée sur les malades par la procession, le fait reste toujours le même ; elle fut évidemment la cause de la cessation de l'épidémie. Mais ce qu'il me fut impossible de faire remarquer à M. le Préfet, et ce qui m'a paru depuis le plus digne d'observation, c'est la rapidité et la sûreté avec laquelle la convalescence, presque toujours si longue et si incertaine, a marché chez tous nos malades. Nos quarante convalescents n'ont éprouvé aucune rechute ; et tous, quoique plu-sieurs, au 16 août, ne nous présentassent plus aucune chance de guérison, ont été rendus en fort peu de jours à leurs occupations ordinaires. »

Juin 1826.— « Après quarante-deux mois d'une maladie violente, après avoir épuisé les soins et les efforts de quatorze médecins différents, Jean-François Dufai, de la commune de Millesavates (diocèse de Séez), ne pouvant recevoir aucun soulagement de la part des hommes, tourna toutes ses espérances du côté de la très-sainte Vierge. Au grand étonnement de tous les habitants de la contrée, qui le voyaient grabataire depuis près de quatre ans, il entreprit le voyage de la Délivrande, au mois de juin 1836, porté sur un matelas dans une voiture. Aussitôt qu'il fut entré dans la Chapelle, son état s'améliora ; et le lendemain, après avoir entendu la messe et communié, il se trouva si parfaitement guéri, qu'il put aller à pied jusqu'à la mer, et se sentit assez de force pour s'en retourner chez lui sans le secours de sa voiture. Depuis cette époque, il a repris ses travaux de labourage, et n'éprouve pas plus de fatigue qu'avant sa maladie. »

Ces détails sont attestés par un certificat du curé de Sainte-Honorine-la-Guillaume, qui porte la signature et le cachet des maires de Millesavates et de Brécel.

14 juin 1836. — « Toute la paroisse de Port-en-Bessin a fait éclater des transports de joie en voyant la guérison miraculeuse, opérée sous leurs yeux, d'une paralytique qui, depuis quatorze ans, ne pouvait s'aider de tout le côté droit et ne marchait qu'à l'aide d'une béquille. Après avoir beaucoup souffert pendant le voyage et

éprouvé des douleurs inouïes dans la Chapelle, pendant la messe, au moment de la communion, elle se trouva dans un état tout à fait extraordinaire : une sueur abondante baignait toute la partie malade. Étant rentrée dans la Chapelle pour partir, plusieurs personnes la soulevèrent pour lui faire baiser les pieds de la sainte Vierge. A ce moment elle s'écria : *Que la volonté de Dieu soit faite.* A ces mots, l'usage de tous ses membres lui fut rendu ; elle fit le signe de la croix, qu'elle ne pouvait même pas faire auparavant, se dressa sur ses jambes, laissa sa béquille auprès de la statue, et s'en retourna à pied jusqu'à Port, qui est éloigné de huit lieues. Ce fait, avec les plus petits détails, nous est attesté par M. le curé de la paroisse. »

17 juin 1859. — « Marie Blouet, de la paroisse de Cahagnes, atteinte d'une gastro-entérite très-intense, était couchée depuis quatre mois, sans recevoir aucun soulagement de tous les secours de la médecine. Réduite à une faiblesse extrême, elle ne pouvait plus rien prendre : les liquides même ne passaient pas. Toutes les voies digestives,

suivant le rapport du médecin, étaient délabrées, dénudées et comme détruites. N'ayant plus rien à espérer des remèdes humains, la malade eut recours à la très-sainte Vierge, et se fit porter à la Délivrande, contre l'avis de tous ceux qui connaissaient son état. En arrivant dans la Chapelle, elle éprouva un évanouissement qui fit croire qu'elle allait expirer; puis, ayant repris l'usage de ses sens, elle reçut la communion, et recouvra subitement une santé si parfaite, qu'elle fit plusieurs repas dans la journée, sans en éprouver aucune incommodité. Elle s'en retourna à Cahagnes en chantant les louanges du Seigneur, et, depuis ce temps, elle n'a plus ressenti aucune atteinte de sa maladie. » — Cette guérison surprenante est attestée par le médecin, qui ne craint pas de l'attribuer à un *secours surnaturel,* et par M. le curé de Cahagnes, dans un certificat qu'ont signé plus de quarante personnes de la commune, parmi lesquelles on remarque le notaire, l'instituteur, ainsi que plusieurs membres de la fabrique et du conseil municipal.

Nous n'accompagnerons ces faits d'aucune réflexion. Ils parlent assez d'eux-mêmes pour ceux dont la foi simple et solide n'est pas effrayée de reconnaître la puissance de Dieu partout où elle se manifeste. Or, c'est à ces âmes fidèles, comme nous l'avons dit, que nous destinons plus spécialement ce petit ouvrage. Toute réflexion leur serait inutile, et nos paroles n'ajouteraient rien aux sentiments d'amour et de confiance que ne manqueront pas d'exciter dans leur cœur ces témoignages éclatants du pouvoir et de la miséricorde de Marie.

CHAPITRE III.

INDULGENCES ET EXERCICES

DU PÈLERINAGE.

Plusieurs indulgences précieuses ont été accordées par le souverain Pontife à la Chapelle de la Délivrande. Il nous est doux de rappeler que Sa Sainteté Grégoire XVI a daigné, à plusieurs reprises, témoigner envers notre pieux pèlerinage une bienveillance toute particulière. Il a même voulu, comme preuve de l'affectueux intérêt qu'il portait à la Chapelle de la Délivrande, signer de sa propre main le bref du 3 mars 1838, qui accorde au sanctuaire de Marie une des faveurs les plus rarement octroyées par la cour de Rome.

Nous allons faire connaître les indulgences du pèlerinage, avec la date de leur concession.

1° Autel privilégié pour tous les prêtres qui y célèbrent la sainte Messe. *(Grégoire XVI*, 22 mai 1837.)

2° Indulgence plénière, à perpétuité, tous les samedis de l'année et toutes les fêtes de la sainte Vierge, aux fidèles qui, s'étant confessés et ayant communié, visiteront la Chapelle de N.-D. de la Délivrande, et y prieront selon les intentions du souverain Pontife. *(Grégoire XVI,* 3 mars 1838.)

3° Indulgence plénière à perpétuité, une fois l'année, un autre jour que ceux indiqués dans l'article précédent, à la volonté des fidèles et aux mêmes conditions. (*Grégoire XVI,* 30 mai 1838.)

4° Le chemin de la Croix est établi dans la Chapelle, et tous les fidèles peuvent y gagner les indulgences attachées à cette sainte pratique.

En outre, pour favoriser la dévotion des pèlerins, trois associations ou confréries ont été érigées dans la Chapelle de la Délivrande avec toutes les grâces et priviléges qui y sont attachés. Ce sont :

1° L'Association du Sacré Cœur de Jésus, établie

le 6 juillet 1828, et dont la fête se célèbre dans la Chapelle le quatrième dimanche après la Pentecôte.

2º La Confrérie du Scapulaire, érigée canoniquement, par ordonnance de Mgr l'évêque de Bayeux, le 15 novembre 1838, en vertu d'un indult de Rome, en date du 28 avril 1838. La fête patronale est célébrée le dimanche qui suit le 16 juillet. Les fidèles qui le désirent peuvent recevoir le scapulaire dans la Chapelle de la Délivrande.

3º L'Association du Cœur immaculé de Marie, instituée canoniquement par Mgr l'évêque, le 6 avril 1839. C'est la première qui ait été érigée dans le diocèse de Bayeux. On en célèbre la fête patronale dans la Chapelle de la Délivrande le premier dimanche de septembre. Le lendemain, on y fait un service solennel pour les associés défunts. Le premier samedi de chaque mois le saint sacrifice est offert, à 9 heures du matin, en l'honneur du saint Cœur de Marie, pour la conversion des pécheurs.

Le premier jour du mois il est dit une messe à 9 heures pour les bienfaiteurs de la Chapelle.

Le quatrième dimanche de chaque mois, après les vêpres des paroisses, il y a une réunion dans la Chapelle pour les membres des associations du Sacré Cœur de Jésus et du Cœur immaculé de Marie. L'instruction est suivie du salut du saint Sacrement.

— Toutes les fêtes de la sainte Vierge sont célébrées avec une grande solennité dans la Chapelle de la Délivrande ; la messe est à 10 heures ; il y a, ces jours-là, sermon aux *Vêpres*, et, après *Complies*, procession et bénédiction du saint Sacrement. — On y chante encore la grande messe et les vêpres le premier dimanche de chaque mois, et les vêpres seulement, tous les dimanches depuis la Toussaint jusqu'à Pâques. Cette grande messe est à 8 heures en hiver et à 7 heures en été.

—Chaque jour, des messes de point sont dites à 6 heures (en été) et à 9 heures du matin. Le soir, récitation du chapelet, et bénédiction du saint Sacrement, le jeudi et le samedi. Les autres jours, le chapelet est suivi du chant de plusieurs antiennes au saint Sacrement et à la sainte Vierge.

— Une parcelle de la vraie Croix, enchâssée dans une belle croix en cuivre doré, ayant été donnée (1) en 1829 à la Chapelle de la Délivrande, Mgr l'évêque de Bayeux ordonna que, chaque année, le 3 mai, fête de l'*Invention*, et le 14 septembre, fête de l'*Exaltation* de la sainte Croix, cette relique serait exposée pendant les messes de point ; et que, le soir, il y aurait salut solennel du saint Sacrement, et ensuite adoration de la vraie Croix. Cette dernière cérémonie a lieu également le Vendredi saint, après l'exercice du chemin de la Croix.

— Trois retraites se donnent chaque année à la Délivrande sous la direction des Missionnaires ; la première pour les hommes du monde, le jeudi qui suit le premier dimanche de Carême ; la seconde pour les femmes, le jeudi dans l'octave

(1) Cette précieuse relique est une offrande de Mme la comtesse de la Rivière, bienfaitrice de la Chapelle.

de la Pentecôte ; la troisième pour les prêtres , le lundi après les quatre-temps d'automne. La retraite des femmes se donne dans le monastère des Orphelines ; les deux autres, dans l'intérieur de l'établissement des Missionnaires.

PRIÈRES

POUR LE PÈLERINAGE.

I.

*Prière avant de commencer le pèlerinage de la
Délivrande.*

Je puis enfin, ô Marie, visiter ce pieux sanctuaire où vous aimez à bénir vos enfants ! Je puis me présenter dans ce lieu vénéré que vous avez choisi pour votre demeure, et où vous vous montrez prodigue de vos bienfaits ! Qu'il m'est doux, ô ma tendre Mère, de m'arracher quelques instants aux distractions du monde pour aller à vos pieds répandre mon âme, vous remercier de vos dons et réclamer de nouvelles faveurs ! Je suis indigne, il est vrai, d'y paraître au milieu de vos serviteurs; mais mon indignité devient elle-même la source de ma confiance. N'êtes-vous pas le refuge des malheureux et l'avocate des pécheurs? N'aimez-vous pas, comme votre divin Fils, à faire éclater dans les cœurs les moins dignes de votre amour les prodiges de votre puissance et de vos miséricordes? Je viens donc à vous sans crainte d'être repoussé; quelles qu'aient été mes infidélités, quelles que soient mes fautes, la Mère de Dieu sera toujours ma mère.

Disposez donc mon cœur à recevoir les grâces qui m'attendent au pied de votre autel; pendant que je m'avancerai vers l'auguste sanctuaire que vous habitez, dégagez ce cœur de toute affection terrestre, et remplissez-le de saints désirs. Agréez, Vierge sainte, comme un gage de mon dévouement les fatigues de ce pèlerinage; daignez les offrir vous-même à Jésus-Christ; unissez-les aux sueurs et aux travaux de ses courses apostoliques pendant sa vie mortelle. Puissent ces peines légères expier tous les pas que j'ai faits hors des voies du salut! Puisse le saint voyage que j'entreprends m'obtenir les grâces de Dieu

et le secours efficace de votre protection ! Ainsi
soit-il.

II.

*Prière du Pèlerin en arrivant devant l'image de
N.-D. de la Délivrande.*

O Marie, me voici enfin devant vous, prosterné
au pied de votre image ! Qu'il me soit permis de
répandre mon cœur en votre présence : vous con-
naissez mes craintes et mes besoins, vous savez
mes désirs, et les plaies de mon âme ne vous
sont point cachées. Mais si vous daignez abaisser
sur moi un regard favorable, que puis-je redou-
ter ? Je viens donc me jeter de nouveau entre
vos bras maternels ; je viens vous renouveler l'offrande et l'hommage de tout moi-même , implorer
et solliciter encore votre secours et votre appui.

Combien je sens déjà à vos pieds ma confiance
renaître ! Ici, tout me retrace votre amour ; tout
me parle de paix, et le vain bruit du monde ne

saurait pénétrer jusque dans cet asile. De quelque côté que mes regards se portent, tout annonce que c'est ici le lieu de vos grandes miséricordes. Les murs même de ce temple attestent hautement les merveilles de votre protection. Oui, du sein de votre sanctuaire, vous veillez à la sûreté de votre peuple ; vous calmez ses terreurs, vous dissipez ses alarmes, et nous avons appris, par une douce expérience, que la mort même vous est soumise.

Ce sont là, ô Marie, des faveurs éclatantes et publiques, l'univers entier les connaît ; mais combien en est-il d'autres non moins précieuses et plus cachées que vous répandez tous les jours dans le secret des cœurs ! O Vierge immaculée, Mère aimable de tous les hommes, qui pourrait compter tous les trésors de grâce et de bénédiction qui s'échappent sans cesse de vos mains dans ce sanctuaire vénéré? Que de douleurs ici ont été consolées ! Que de larmes séchées ! Que de fois les cœurs ont entendu un langage de suavité et de joie toute divine ! Serais-je le seul, ô Marie, qui me retirerais les mains vides

de cette enceinte sacrée? non, vous ne le per-
mettrez pas. Je suis, il est vrai, le plus infidèle
de vos serviteurs; mais vous êtes la plus tendre
et la plus indulgente des mères, et je suis votre
enfant.... Plus que jamais aujourd'hui je me
consacre à vous, je vous choisis pour ma patronne,
mon modèle, ma souveraine, et je proteste, en
face de ces saints autels qu'en vous, après Jésus,
je mets ma plus douce espérance. Ainsi soit-il.

III.

Prière du Pèlerin à Notre-Dame de la Délivrande
avant de sortir de la Chapelle.

Permettez, ô Vierge sainte, que, prosterné
aux pieds de votre image révérée, je me consacre
et m'offre à vous, dans le désir sincère de me
dévouer entièrement à votre service.

Oui, ô Mère de miséricorde, à la pensée des
faveurs précieuses que vous prodiguez dans ce
sanctuaire à vos enfants dévoués, vous recon-

naissant après Dieu pour mon asile, ma ressource et mon espérance, je m'offre à vous dès ce moment et pour toujours ; je remets mon sort entre vos mains ; je vous consacre sans réserve et sans retour mon esprit, mon cœur, ma volonté, mes actions, mes biens, ma santé, ma liberté, ma vie, tout ce que je suis et tout ce que j'ai dans le monde ; je désire que vous en soyez dépositaire, et, après Dieu, l'unique souveraine. Daignez donc, ô N.-D. de la Délivrande, me compter parmi vos fidèles serviteurs ; daignez exaucer mes vœux et m'accorder les grâces que je suis venu demander plus particulièrement dans votre sanctuaire pour moi, pour ma famille, pour mes amis.

O Marie, c'est en vous, après Jésus, que je mets toute ma confiance ; c'est de votre puissante médiation que j'attends les secours dont j'ai tant de besoin au milieu des périls qui m'environnent... Vous êtes tout à la fois la mère de grâce, la mère de douleur et la mère de miséricorde. Mère de grâce, obtenez-moi les grâces abondantes qui me sont si nécessaires. Mère de douleur, soyez touchée de mes maux et adoucissez-en la rigueur. Mère de miséricorde, soyez ma tendre mère : c'est un de vos enfants, un enfant affligé qui réclame votre secours ; pourrait-il le réclamer en vain ?

Protégez-moi, Vierge sainte, durant ma vie, mais surtout à la mort ; venez à mon aide, soutenez-moi dans les angoisses du dernier combat, et quand je rendrai le dernier soupir, remettez vous-même mon âme entre les mains de son Créateur, et introduisez-la dans l'immortalité bienheureuse, pour l'adorer, le louer, le bénir à jamais avec vous dans le sein de la gloire. Ainsi soit-il.

NOTES JUSTIFICATIVES.

***

(*a*). — Page 21. — On ne peut pas douter que le
hapitre de la cathédrale, malgré quelques réclama-
pns des évêques, n'ait exercé constamment le droit
p juridiction sur la Chapelle de la Délivrande, mais
ulement à l'intérieur de l'édifice, *intra septa*, comme
ι disait alors. En dehors de la Chapelle, *extra septa*,
juridiction appartenait à l'Ordinaire. On rencontre à
utes les époques dans les archives de l'évêché des
tes qui attestent l'exercice de ce droit ; nous n'en ci-
rons que quelques-uns.

Ainsi, le 17 juillet 1486, défense est faite par le
hapitre à un prêtre de Douvres de dire la messe à la
apelle, durant trois ans. — Le 15 juin 1534, le
apitre députe des commissaires pour informer d'un
andale commis à la Délivrande, « s'il est arrivé dans
Chapelle, où le Chapitre a juridiction. » — Le 31
llet 1623, il permet d'établir le Rosaire à ladite Cha-
lle. — Le 10 mai 1634, défense est faite au sacristain

de laisser prêcher personne, sans être approuvé d
Chapitre ou de ses commissaires. — Le 4 avril 163€
il est enjoint aux prêtres qui célèbreront la messe dar
la Chapelle, de donner attestation *de vita et morib*
dans quinzaine, à faute d'en être privés. — I
16 août 1662, commissaires députés pour informer de
insolences proférées la veille par un calviniste, contr
le prédicateur qui prêchait dans la Chapelle. — Enfin
à seize reprises différentes, dans l'espace de 118 ar
(1544 à 1672), des commissaires sont envoyés à l
Délivrande, à l'occasion des miracles faits dans la Cha
pelle, et l'information est poursuivie, au nom du Cha
pitre, devant l'official et les grands vicaires du diocèse
Tous ces faits nous semblent prouver, d'une manièr
incontestable, l'exercice constant de la juridiction cap
tulaire dans l'enceinte de la Chapelle. M. Delarue a
teste, en effet, qu'elle s'y était perpétuée jusqu'en 178!

(*b*). — Page 23. — « Guillaume de Jumiéges, dans so
histoire (page 278), dit que ce comte Beaudoin d
Reviers fonda l'abbaye de Montebourg, sous Guillaum
le Conquérant; et ce fut ce fondateur qui lui donna l
patronage de Reviers, que ce monastère possédait er
core en 1789.

« Riche et puissant, Beaudoin avait à Reviers u
château fort qui subsistait encore en 1343, époque o

l fut confisqué sur Olivier de Clisson, père du conné-
able, et donné à Gilles d'Espagny. La découverte de la
tatue de la sainte Vierge à Douvres, dans la deuxième
moitié du XIe siècle, suggéra sans doute au comte
eaudoin, le projet religieux de relever de ses ruines
antique Chapelle où elle était révérée, et sa piété le
i fit exécuter avec le consentement du Chapitre de
ayeux. » (M. Delarue.)

(c). — Page 29. — M. Delarue cependant suppose
e la chapelle Sainte-Anne ne fut bâtie que dans le
iie siècle. (*Essais hist.*, t. 2., p. 256.) N'ayant pu
ncilier l'assertion du savant antiquaire avec les titres
thentiques que nous avions sous les yeux, nous
ons dû nous borner à transcrire ce qu'on lit expres-
nent dans les archives de l'évêché. — Nous ferons
lement observer que la forme ogivale qu'avait pri-
ivement la fenêtre de cette chapelle, forme attestée
des traces très-apparentes, qui existent encore à
térieur de l'édifice, accuse un genre d'architecture
érieur au XVIIe siècle. Vers le milieu de ce siècle,
travaux très-considérables furent exécutés dans les
rses parties de l'édifice. Alors, les fenêtres des
pelles latérales reçurent la forme qu'elles ont au-
d'hui; alors aussi, peut-être, fut ouverte vers l'orient,
s la chapelle Sainte-Anne, une autre fenêtre à

cintre surbaissé, qui fut supprimée plus tard pour
placement de l'autel. Tout nous porte à penser qu
M. Delarue aura confondu la date de ces reconstru
tions avec celle de la fondation première.

(*d*). — Page 30. — Jacques Saint-Clair Turgo
d'une famille considérable de Basse-Normandie, h
bita longtemps la ville de Caen. Maître des requêt
et conseiller d'État, il prit possession du doyenné
Bayeux, auquel son fils avait renoncé, le 28 m
1642, et le résigna lui-même à Charles de Longa
nay le 22 août 1655. « Lorsqu'il fit son testament,
se ressouvint des biens qu'il avait perçus de son b
néfice, et, en récompense, il donna 10,000 livr
pour être employées en de pieux usages à la chape
de la sainte Vierge qui est derrière le chœur de
cathédrale. » (Hermant, *Hist. du dioc. de Bayeu*
p. 491.) Il est probable que ce fut par le même a
que Jacques Turgot fit à la Chapelle de la Délivran
cette donation de 3,000 livres, consignée dans
archives de l'évêché.

(*e*). — Page 31. — « Gilles Buhot naquit à Bayeux
21 avril 1602; il étudia à Paris, où il fut reçu docte
au collége de Navarre. Il prit possession du canoni
de Cartigny le 15 septembre 1628. Le Chapitre le ch
gea du soin de la Chapelle de la Délivrande. Il y dor

beaucoup d'application..... Il prit également un soin particulier du séminaire de jeunes ecclésiastiques qu'il avait fondé en ce lieu, avec le consentement et sous l'épiscopat de Mgr d'Angennes. Ce fut en partie sur ses représentations que M. de Nesmond en établit un à Bayeux, en 1669, dont il fit M. Buhot directeur, lequel avait donné à cette intention une maison qu'il avait dans le rue Franche.» (*Hist. sommaire de la ville de Bayeux*, p. 308.)

(*f*). — Page 35. — L'église de Douvres s'enrichit à cette époque de plusieurs ornements, que la nouvelle décoration de la Chapelle avait rendus inutiles. M. Delavigne en fait une énumération complète dans ses *Notes*. Nous croyons utile d'en citer quelques-uns, pour donner une idée de l'état où se trouvait le sanctuaire de Marie au commencement du xviiie siècle. Nous conserverons le style simple et quelquefois naïf du bon curé :

« Par son importunité auprès de MM. du vénérable Chapitre de Bayeux, ses seigneurs et bienfaiteurs, le sieur Delavigne, curé de Douvres, obtint l'an 1737, l'ancien tabernacle de leur chapelle de Notre-Dame de la Delle Yvrande, qu'il fit placer au grand autel de l'église de Douvres, avec toutes ses appartenances, telles qu'il les avait dans la Chapelle de la

Delle Yvrande. » — Ce tabernacle, à forme pyramidale, était orné de statuettes et entièrement doré. L'image du Père éternel était sculptée sur la porte.

« Il a obtenu en outre : le pavillon pour couvrir le tabernacle ; — le grand tableau de l'*Annonciation*, qui faisait le fond du maître-autel de la Chapelle, et qu'il fit placer derrière le grand-autel de Douvres, ledit tableau, peint par M. Restout, en l'an 1654 ; — les quatre grands chérubins avec leurs piédestaux, lesquels chérubins faits par le sieur Le Vaudanger ; — deux cintres dorés, avec leur couronnement ; — quatre flambes et quatre pyramides, avec leurs boîtes ; — quelques morceaux de l'ancien lambris du sanctuaire ; — six pots de fayence avec des bouquets en fausses fleurs ; — un christ d'ivoire ; — une table d'autel (sans doute celle du grand-autel de la Délivrande), avec les corniches et les chambranles dorés ; — les quarrés des devants d'autel, auxquels il a fait ajuster les devants d'autel de l'église de Douvres, avec le coffre pour les renfermer ; — une table pour servir de crédence, avec deux toilettes, garnies de point, pour la couvrir ; — dix vieux tableaux et deux cadres noirs, dont le rempli est en brodure avec une petite image au milieu ; — le voile violet qui servait à couvrir, durant le carême, le grand christ de la Chapelle. » (Ce christ était suspendu probablement à l'entrée du chœur, où se trouve maintenant la grille.)

Tous ces objets furent employés par M. Delavigne à la décoration de l'église de Douvres. Il ajoute dans une dernière note :

« MM. du vénérable Chapitre, voyant le soin que le sieur curé prenait de son église, et édifiés de la manière dont il arrangeait ce qu'on lui avait donné jusqu'alors, lui firent présent des anciennes pentes du days de l'image de Notre-Dame, avec un voile de calice, le tout brodé en or fin, pour orner la niche qu'il avait fait faire pour exposer le saint Sacrement ; ce qu'il exécuta pour la Saint-Rémi 1737. Ils lui donnèrent, en outre, une chappe violette ; la première qui ait servi dans son église, remarque le bon curé, n'y en ayant point eu auparavant. »

(*g*). — Page 36. — « La paroisse de Douvres était le chef-lieu d'une des sept baronnies qui formaient la manse épiscopale des évêques de Bayeux, et presque toutes les paroisses de ce canton en relevaient. Pendant les xiiie, xive et xve siècles, Douvres fut la maison de campagne de ces évêques ; on trouve une infinité d'actes datés du château qu'ils avaient dans cette paroisse ; et ce séjour de la cour épiscopale contribua beaucoup à l'augmentation du bourg de la Délivrande. Pendant les mêmes siècles, les évêques y eurent le siége de leur haute justice, qui est souvent qualifiée de vicomté, et, en l'année 1473, Guillaume de Sens, seigneur de Reviers, prenait encore le titre de *vicomte de Douvres pour le seigneur évêque de Bayeux*. Ce dernier y avait le droit d'un marché tous les samedis, et celui d'une foire de *sept jours* à la Chandeleur. » (M. Delarue.)

Jusqu'à la révolution de 89, les évêques de Bayeux conservèrent la propriété de la baronnie de Douvres. Ils étaient seigneurs de la paroisse, et le Chapitre avait le patronage de la cure. Aussi, dans toutes les cérémonies importantes qui avaient lieu dans l'église de Douvres, le prélat et les chanoines de la cathédrale étaient toujours représentés. Ainsi, le 3 mai 1746, trois cloches ayant été baptisées par M. Delavigne, curé de la paroisse, « la première fut nommée, comme il le raconte lui-même dans ses *Notes*, par Mgr Paul de Luynes, évêque de Bayeux, avec Mme Marie-Anne de Verrier, abbesse de la Sainte-Trinité de Caen; la seconde, par MM. du Chapitre, seigneurs, patrons, présentateurs et collateurs de plein droit du bénéfice-cure de Douvres, représentés par Marc-Antoine-Jacques-Friard du Castel, archidiacre des Vez, avec Mme Bonne-Charlotte Hue, épouse du marquis de Benouville; la troisième par M. Bernarol de Campagne, chanoine et ancien grand chantre de la cathédrale, syndic du clergé, official de MM. du Chapitre, et grand vicaire de Mgr de Brancas, évêque de Lysieux, pour son exemption de Nonant, avec Mlle Jeanne Allan de Hutrel. »

(*h*). — Page 43. — Anciennement la nef de la Chapelle était couronnée d'une voûte en pierre, dont on voyait encore quelques traces à l'intérieur de l'édifice avant la construction de la voûte en plâtre, — un peu trop grecque de style, il faut l'avouer, — qui a été faite il y a quelques années. Deux notes des archives de l'évêché indiquent les sommes qui furent payées en 1617, « pour peindre la voûte du chœur, » et en 1666, «pour mettre trois sommiers à la nef et la recouvrir ; » ce qui semble indiquer que la voûte de la nef n'existait plus dès cette époque.

(*i*). — Page 44. — On sera peut-être curieux de connaître l'acte de renonciation qui fut déposé par les officiers de l'évêque entre les mains du Chapitre, les 19 et 21 avril. Nous le citons textuellement, d'après les archives de l'évêché :

« Les sieurs archidiacres des Vez et Roger de Monasterio, officiers de Zanon, ont rapporté au Chapitre de sa part, en ces termes : Il plaît à M. de Bayeux que MM. du Chapitre jouissent des fruits, et émoluments dudit plaenil, *comme autrefois ont fait*, sauf les foires ou marchés à termer par ledit évêque, dedans ledit plaenil, comme autres lieux adjacents audit plaenil ; et que iceux du Chapitre puissent mettre endit plaenil, mercs et devises ou bornes. Et ce aucuns ou aucunes

veulent ou présument édifier, ou de fait aient édifié,
sans le consentement dudit Chapitre, endit plaenil,
ledit M. de Bayeux ne les veut ne pense soutenir, ni
garantir en aucune manière, soit fermier ou autre
personne. »

(*j*). — Page 44. — Ce droit, contesté à plusieurs reprises, fut confirmé par deux arrêts du parlement de
Rouen, du 9 février 1638 et du 20 mai 1672.

Le système suivi par le Chapitre pour l'administration de la Chapelle changea plusieurs fois. Aux XIV⁰ et
XV⁰ siècles, elle était donnée à bail, et le revenu affer-
mé pour trois ans. Il se montait alors à 1300 ou 1400
livres, comme l'attestent plusieurs actes de bannies,
conservés dans les archives de l'évêché. Le fermier
devait tenir compte, à la fin de sa gestion, des ornements dont l'usage lui était concédé (3 janvier 1374).

En outre, la vieille cire était portée à Bayeux et
vendue au profit du Chapitre, auquel appartenaient
également tous les dons et offrandes faites par les pèlerins. Un ou plusieurs sacristains prêtres étaient chargés de l'administration spirituelle. Vers le milieu du
XVI⁰ siècle (24 septembre 1540), les chanoines sont députés chacun à leur tour, pour aller remplir à la Chapelle les fonctions de commissaires. — En 1595 (22 novembre), la Chapelle est donnée à ferme à un sieur

Chefdeville, « et ce jusqu'au bon plaisir du Chapitre. »
—Au commencement du xviie siècle, le Chapitre la fait
administrer à son compte, d'abord par un simple prêtre aux gages de 100 livres (13 janvier 1627), puis par
des commissaires pris dans son sein (22 février 1638).
Nous avons dit que le célèbre chanoine de Cartigny,
Gilles Buhot, remplit cette fonction pendant plus de
trente ans. En 1674, deux sacristains furent chargés
de la Chapelle et reçurent pour gages, l'un 50 sous,
l'autre 40 sous, par semaine. Ce dernier mode fut dès
lors constamment suivi jusqu'à la fin du xviiie siècle.

(k). — Page 47. — « Louis XI, suivant les actes du
temps, logea dans le bourg de la Délivrande, à l'hôtel
de Richard-Lebourgeois, auquel, pour cette raison, il
donna l'office de sommelier de son échansonnerie, et
par lettres patentes, datées de Senlis le 4 octobre de
l'année suivante, il lui donna les tabellionnages de
Caen et de la Délivrande, pour en jouir pendant sa vie,
par 60 livres de rente au domaine de la vicomté de
Caen. » (M. Delarue.)

(l). — Page 53. — En même temps que le xviie siècle fut une des époques les plus glorieuses pour la
Chapelle de la Délivrande, il vit s'élever entre le Chapitre et les prêtres chargés par lui de la direction du

pèlerinage, de graves contestations qui ne purent être terminées que par des sentences judiciaires. Quelques détails sur ces différends pourront servir à expliquer les rapports qui existaient, à cette époque, entre les chapelains de la Délivrande et le Chapitre, duquel ils tenaient leur délégation.

Le 13 janvier 1627, le sieur Florent Debonnefoy, prêtre, fut institué directeur de la Chapelle, pour autant de temps qu'il plairait au Chapitre. Huit ans plus tard, le 3 mars 1635, comme sans doute l'administration du commissaire ne répondait pas aux désirs de ceux qui la lui avaient confiée, ordre lui fut donné de comparaître au Chapitre général du mois de juillet, « pour remettre sa commission et y être continué s'il était expédient. » Soit que le sieur Debonnefoy eût refusé de comparaître, soit que l'enquête ne lui eût pas été favorable, deux chanoines furent députés à la Délivrande par le Chapitre, le 10 juin 1637, pour prendre la conduite de la Chapelle et faire défense au sieur Debonnefoy d'y continuer l'office de commissaire.

Celui-ci appela comme d'abus de la décision du Chapitre, et obtint aussitôt (22 juin) « un mandement de la cour, » qui lui permettait de prendre le titre de chapelain, et le maintenait dans la direction de la Chapelle. Ensuite, assignation fut donnée par lui au Chapitre, demandant qu'il fût réglé sur son appel. L'arrêt définitif (9 février 1638), rendu par le parlement de Rouen, débouta le sieur Debonnefoy de sa prétention, et reconnut au Chapitre le droit de faire administrer la Chapelle par des commissaires, qu'il pourrait toujours révoquer.

Peu après (22 février), une commission de six chanoines fut chargée de régler, « par bon conseil, » les affaires de la Délivrande. Après avoir pris connaissance de l'état des choses, cette commission élut pour deux ans un sacristain, qui devait, sous la direction de l'archidiacre de Bayeux, « faire observer les statuts et règlements de la Chapelle. » Aucuns gages ne lui furent assignés, sans doute parce que déjà il était membre ou habitué du Chapitre.

Cette contestation ne tarda pas à être suivie d'une autre, qui, provoquée par des causes semblables, se termina à peu près de la même manière.

Un membre du Chapitre, Gilles Buhot, chanoine de Cartigny, fut désigné vers 1640, peut-être immédiatement après le sieur Debonnefoy, pour administrer la Chapelle de la Délivrande. Nous avons dit qu'il remplit ces fonctions avec le zèle le plus actif durant près de quarante ans. Cependant, le Chapitre ayant eu quelques reproches à faire au sieur de Cartigny (nous ignorons quels étaient ces reproches), sa démission de directeur de la Chapelle lui fut demandée le

8 mars 1670. Gilles Buhot, trois jours après, reconnut que le Chapitre avait droit de le déposer, priant néanmoins « qu'on le continuât dans ses fonctions. » Il y fut maintenu en effet pour six mois; seulement, on lui adjoignit l'archidiacre des Vez et le chanoine de Saint-Laurent. Le sieur P. Morel fut désigné pour servir de sacristain.

Le 29 septembre 1670, il fut décidé par le Chapitre que les sieurs archidiacres des Vez et de Cartigny cesseraient immédiatement leurs fonctions. Celui-ci, en outre, reçut ordre de représenter ses comptes pour les trois dernières années, 1666, 67 et 68, « dans lesquels il spécifierait les messes aumônées, les messes célébrées et les frais qu'il a fallu faire pour la sacristie. » Gilles Buhot, après avoir interjeté appel comme d'abus de sa destitution, assigna devant la cour de Caen les sieurs de Saint-Laurent et Morel. Réclamation fut faite par le Chapitre, qui prétendit que l'affaire était purement ecclésiastique. L'année suivante (17 mars 1671), la cause, du consentement des parties, fut renvoyée devant M. le doyen pour être jugée à l'amiable. D'un autre côté, le 20 mai 1672, le parlement rendit un arrêt qui déboutait le sieur de Cartigny de son appel comme d'abus, et le condamnait à 12 livres d'amende. En outre, deux sentences arbitrales furent rendues, le 16 novembre suivant, par

M. Sallet, conseiller au parlement de Rouen, et chanoine de Barbières; l'une, entre le Chapitre et le sieur de Cartigny, « par laquelle, après avoir fait jurer le sieur de Cartigny qu'il avait fait dire toutes les messes aumônées à la Chapelle de la Délivrande, les parties étaient renvoyées hors de cour et de procès; » — l'autre, entre ledit sieur de Cartigny et P. Morel, « par laquelle ledit sieur P. Morel était déchargé des fins et conclusions contre lui prises par ledit sieur de Cartigny. »   (*Archives de l'évêché.*)

(*m*). — Page 55. — La procédure contre les coupables dura plus de six ans, et révéla des faits étranges, qui donnèrent au procès tous les caractères d'une cause célèbre. La moitié des objets volés furent retrouvés à Paris quelques mois après. Un chanoine de Bayeux ayant proféré, à l'occasion de cette découverte, quelques paroles imprudentes, et déclaré que le reste du vol serait bientôt également retrouvé, le Chapitre envoya à Paris trois de ses membres pour être confrontés avec le prétendu révélateur.

Plusieurs complices du vol, qui s'étaient retirés à Bresolles (Eure-et-Loire), s'adressèrent à un orfèvre de cette ville pour lui vendre une partie de leur butin; mais, peu de temps après, redoutant quelque révélation de sa part, ils le firent enlever par un lieutenant de robe courte, nommé Dupain, et s'en débarrassèrent par le poison. Deux de ces malfaiteurs, ayant été exécutés à Bresolles, en 1661, se reconnurent, avant de mourir, coupables du vol dont ils étaient accusés, et cette déclaration, consignée dans leur testament suppliciaire par le juge et le greffier, fut transmise sur sa demande au Chapitre de Bayeux. Le lieutenant Dupain fut condamné le 30 novembre, par un arrêt du grand conseil, à vendre sa charge et, en outre, à plus de 10,000 livres d'intérêts et dépens envers la veuve de l'orfèvre et le Chapitre. Il était encore pour ce motif détenu prisonnier en 1677. (*Archives de l'évêché.*)

FIN.

TABLE.

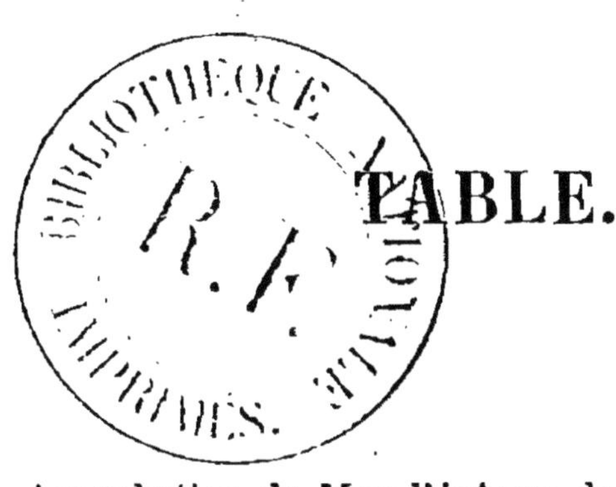

Tours, Imp. Mame.